나이팅게일의
후예로 살다

나이팅게일의
후예로 살다

백승남 지음

바이북스

진정한 나이팅게일의 후예 백승남 권사

김형준 동안교회 담임목사

글쓰기를 가장 자신 없어 하던 사람이 책 한 권을 써 내려 가기란 여간 어려운 일이 아닙니다. 더군다나 그 사람이 팔순을 앞두고 계신 분이라면 더욱 그렇겠지요.

남들은 나이가 들수록 새로움을 추구하기보다는 현재의 삶에 안주하며 편안함을 택하며 살아가는데, 백승남 권사님은 도전을 멈추지 않았습니다. 느지막한 나이에 자신이 가장 자신 없어 하던 글쓰기를 극복하고자 배움을 멈추지 않으셨고, 6년간의 노력 끝에 드디어 책을 완성하셨습니다. 이렇게 책 한 권 분량의 글을 완성하기까지 숨겨진 권사님의 많은 땀과 노력에 따뜻한 격려의 박수를 보냅니다.

이 책으로 백승남 권사님이 걸어온 인생의 발자취를 들여다볼 수 있습니다.

간호사로 그리고 경희대학교 간호대학 교수로 근무하면서도 현실에 안주하지 않고 끊임없이 선진국의 새로운 간호술을 배우고자 노력하셨고, 정년퇴임 직후에는 하나님을 전하기 위해 선교지로 가는 것을 마다하지 않으셨습니다. 때로는 힘들고 어려운 순간도 있었지만 그때마다 권사님은 기도와 예배를 붙드셨습니다. 그리고 은퇴 이후에는 일상생활 속에서 소소한 행복들을 찾으며 감사함을 잊지 않고 살아갑니다.

평생을 나이팅게일처럼 살아 왔고, 팔순을 앞둔 지금까지도 호스피스 자원봉사자로 살고 계신 권사님. 대가가 있는 것도 그 누가 강요한 것도 아니지만 말기 암 환자들의 손을 잡아주고 말동무가 되어주며, 그들을 위해 진심으로 기도하고 함께 예배드리는 삶이 참 아름답습니다.

이제는 기쁨보다는 아픔의 소식들이 더 많이 들려오는 시기. 그 시기에 호스피스 자원봉사자로서 죽음에 직면한 환자들을 바라보면서, 새 소망을 가질 수 있는 자의 삶이 진정 아름다운 마무리라 말하시는 권사님.

이제는 삶을 정리해야 하는 시점이라 말하면서도 예수님과 동행하며 새 소망을 가지고 마지막까지 환자 돌보는 것을 멈추지 않으시는 백승남 권사님은 진정한 나이팅게일의 후예입니다.

백의의 길과 믿음의 발걸음

김종회 문학평론가

백승남 권사님의 수필집 『나이팅게일의 후예로 살다』를 원고 묶음으로 읽으면서, 많은 생각을 했다. 한 사람의 생애가 이렇게 폭이 넓고 다양할 수 있는 것이로구나, 그 삶의 역정에 있어 이렇게 선한 생각과 하나님을 향한 믿음의 길이 아름답게 펼쳐질 수 있는 것이로구나. 이와 같은 상념들이 스쳐지나갔다. 길다면 길고 짧다면 짧은 우리 인생살이에 있어서, 어느 한 분이 뚜렷한 목표를 가지고 한 방향으로 매진한 결과가 소중한 수확으로 이 책에 차곡차곡 담겨 있다. 노력한다고 해서 모든 일이 뜻대로 되는 것이 아니라면, 이처럼 풍성한 추수에 이른 백 권사님의 일생은 그야말로 축복이 넘치는 하나의 범례範例라 하지 않을 수 없다.

백 권사님은 대구에서 출생하여 학업의 도정에 들어선 이래, 간호학을 공부하고 연구하고 가르치는 외길을 걸어왔다. 그 특정한 분야에 따른 다채로운 경험과 성과들이 이 책의 곳곳에 잠복하여 모래밭의 사금처럼 여러 모양으로 반짝이고 있다. 특히 간호학의 지경을 확장하여 해외에서 연수하고 근무한 경력이 많고, 이 인도주의 정신에 입각한 영역의 장점을 살려 지속적인 봉사와 헌신에 역량을 기울였다. 이제 팔순의 연령대를 바라보는 오늘에 이르러서도 호스피스 자원봉사자로서 연약하고 불우한 이웃에 따뜻한 도움의 손길을 건네고 있다. 이는 그 봉사자로서의 마음과 간호인으로서의 전문성이 함께한 자리이다.

필자는 백 권사님을 경희대학교 기독교수인 예배에서 만났다. 그 세월도 헤아려보니 이미 만만한 것이 아니다. 섬기는 교회의 권사로 봉직하는 동안 권사님은 신실한 신앙인의 길, 그 믿음의 실천을 생활 속에서 보여주었다. 말로만 그치는 믿음이나 무늬만 그럴듯한 믿음이 아니라 실제로 내재된 힘을 발양하는 믿음, 그것이 권사님의 의료 전문성과 함께 기능함으로써 훨씬 더 효율성을 얻을 수 있었다. 이 책의 전반에 그와 같은 밑그림이 은은하게 깔려 있는 터이다. 책의 1부는 나이팅게일의 후예로 사는 것, 2부는 다정한 우리는 한 식구, 3부는 일상에 숨겨진 행복들, 4부는 예수님과 동행하는 사람들이란 소제목을 달고 있다.

그런 만큼 이 발문의 제목 또한 '백의의 길과 믿음의 발걸음'이라고 했다. 권사님의 삶과 믿음을 가장 압축적으로 보여줄 수 있는 수사修辭라 생각한 까닭이다. 먼 인생의 행로에서 이제 보다 여유롭고 깊이 있는 관조의 세계로 진입하면서, 권사님은 자기성찰의 눈으로 그동안의 지나온 날들을 되새겨 보았다. 한 편 한 편 각기의 글은 그러한 사연들을 담아낸다. 처음부터 글을 써 온 글쓰기 전문가의 글이 아니면서도 그 글들이 감동을 주는 것은 소박하고 조촐한 가운데 숨어 있는 웅숭깊은 진정성 때문이다. 이 자리를 빌려 권사님의 앞날이 우리에게 더 큰 기쁨과 보람의 모범을 보여줄 수 있기를 간곡한 마음으로 기대해마지 않는다.

차례

1부 _____
나이팅게일의
후예로
사는 것

2부 _____
다정한
우리는
한 가족

3부 _____
일상에
숨겨진
행복들

4부 _____
예수님과
동행하는
사람들

다시 삶을 되돌아보는 성찰의 글쓰기

앞만 보고 열심히 살아오다 어느덧 나 스스로를 돌아볼 수 있는 여유로운 시점에 닿았다. 은퇴 후 무엇을 할 것인가? 마음에 담아둔 생각들을 한 번쯤은 글로 표현해 보고 싶다는 생각이 들었다. 그러나 워낙 글 쓰기를 해보지 않아서 용기를 낼 수 없을 즈음에 소망교회 문화교실에서 수필반을 연다는 소식이 들렸다. 당장 등록했고 무조건 결석 않고 듣기만 했다. 내가 제일 못하는 글쓰기이니 조심스럽고 정말 내가 글을 쓸 수 있을까 하는 무거운 마음이었으나 친구들이 있어서 용기를 낼 수 있었다.

어느 사이 6년이 지나 '서당 개 3년에 풍월을 읊는다'는 말을 실감하게 됐다. 마음속의 생각들이 밖으로 나와 하나의 글로 남게 됨을 너무 감사한다. 비록 글솜씨는 없지만 수필이기에 약간의 망설임과 함께 어릴 때 사건들 하나하나를 다시 기억하고 그 시간으로 돌아가 보았다. 참으로 소중한 순간들이었다.

이 글들로 인해 우선 나 자신을 더 소중한 존재로 대접해야 한다는 생각과 죽마고우들의 귀중함, 현재 함께 살아가는 가족, 친구, 동료, 이웃들의 아름다움을 더 많이 발견하게 되었고 함께 살아감을 더 감사하게 되었다. 특히 글 쓰는 이들의 소중함을 많이 알게 되어 작품을 소중히 여기게 되었고 더 많이 읽어야 한다고 느끼고 있다. 그간 작가에 대한 나의 마음가짐이 너무 초라했음을 부끄럽게 여겨져서 문학에 대한 새로운 각오를 다짐해본다.

추천사를 써주신 김형준 동안교회 담임목사님, 그리고 김종회 교수님께 감사의 말씀을 드리며 함께하면서 격려해준 소망교회 수필반 문우님들께 깊이 머리 숙여 감사드린다.

2019년 10월 25일 백승남

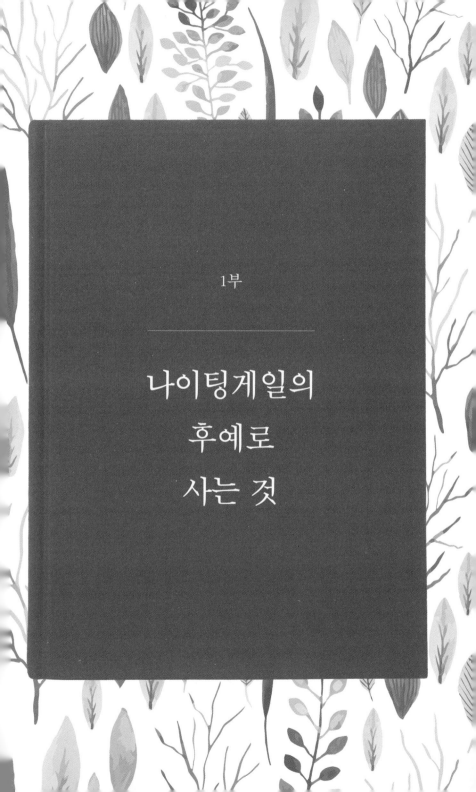

1부

나이팅게일의
후예로
사는 것

뒤바뀐 1등 졸업상장

구미시 면소재지 작은 마을이 내 고향이다. 그 지역에 중·고등학교가 8·15 해방 이전에 일찍 세워져서 가정형편이 보통 정도만 되어도 중·고등학교를 다닐 수 있었다. 1957년 중학교 졸업 시기가 되어갈 때 고등학교는 도시로 가는 것이 나의 유일한 꿈이었다. 그 꿈이 이루어지기까지는 어려움이 많았다.

초등학교 6년, 중학교 3년을 같은 반에서 공부한 남자 또래가 있었다. 그는 공부를 아주 잘해서 1등을 다른 학생에게 내어준 적이 없었고 동급생 중에는 아무도 그를 능가할 학생이 없다는 것을 모두다 잘 알고 있었다.

그런데 중학교 졸업하는 날 안타까운 일이 발생했다. 일등 졸업상은 당연히 그 학생이 받을 것으로 모두 알고 있었으나 막상 졸업식장에서 일등상은 차점자인 내가 받게 되었고 상품은 우리말 국어사전이었다.

이유는 졸업을 몇 달 앞두고 남학생 전체가 학교행정에 반대하는 데모를 하게 되었는데 주동자가 그 학생이라 책벌로 평균점수를 감했기 때문이란다. 여학생들은 데모에 참석하지 않았다. 그때는 서로 말도 잘하지 않고 지내는 터라 미안한 마음은 있었으나 내가 할 수 있는 일이 없어서 그냥 지나쳐버렸다.

시골 학교에서 도시고등학교로 가려면 입학시험을 치러야 하는데 우수한 학생을 본교 고등학교에 남겨두기 위해 도시인문계 고등학교에는 입학원서를 내지 못하게 하고 오직 특수학교에만 써주었다. 그래서 사범고등학교에 입학시험을 보게 되었는데 1등인 그 남학생과 내가 응시하게 되었다.

그때 입학경쟁률은 높았고 남학생이 여학생보다 더 높았다. 그런데 1등 하는 그 학생은 합격했고 나는 떨어졌다. 몹시 창피하고 무어라 말로 다 표현할 수 없는 실망감에 쌓여 있을 때 담임선생님의 특별한 배려로 인문계 고등학교인 경북여고에 입학원서를 써줘서 다행이 합격했고 시골을 벗어나게 되었다.

그 후 가끔 고향 가는 버스에서 그 학생을 만나는 기회가 있었으나 그 사건에 대한 이야기는 하지 않았다. 워낙 뛰어나게 공부를 잘하는 학생이라 그가 받아야 할 몫을 내가 차지했다는 것에 대한 미안한 마음이 아주 많았다.

세월이 흘러 20대 후반 결혼할 연령이 되어 우연히 그를 만나게 되었다. 육군대위로 외국 유학도 다녀오고 사관학교에서 가르치는 일에 종사하고 있다고 했다. 나 역시 좋은 직장인 선명회아동병원 간호사로 일하는 시점이라 반갑게 만났고 지난 이야기도 스스럼없이 하게 되었다. 그때서야 비로소 일등도 아닌 내가 그 상을 받게 되어 미안하고, 상품으로 받은 국어사전을 돌려주고 싶다고 했다. 그

것이 솔직한 내 심정이었다.

　그런데 그렇게 착실하게 공부만 하는 네가 왜 데모 주동자가 되었는지를 물어보았다.

　전체 남학생들 모여 학교에 보내는 항의문을 쓰는데 다른 친구가 작성하는 것이 너무 유치해서 지켜보고만 있을 수 없었단다. 그래서 자기가 스스로 나서서 다시 쓰게 된 결과라고 했다. 너무 머리가 똑똑해서 일어난 사건이었다.

　그 후 각자 일에 최선을 하는 시기라 잘 만나지 못하다가 은퇴 후에 동창회를 통해 다시 만나게 되었다. 머리가 좋은 만큼 사업에도 성공하여 부산에서 자동화 부품을 만드는 회사를 만들어 전 세계로 수출하여 우수한 기업회장이 되었다. 그래서 시골 중학교 동기들을 초청해서 푸짐한 대접도 하고 많은 친구들에게 베푸는 회장으로 잘 살고 있었다.

　나도 몇 번 친구들과 부산을 방문하여 관광도 하고 많은 대접을 받아 깊은 감사를 하고 있다. 내 삶에 많은 영향력을 준 친구라 지금도 가끔 안부를 주고받으며 함께 살아감을 감사한다. 이 친구가 있어 삶이 더 아름답다.

구미시 면소재지 작은 마을이 내 고향이다.
그 지역에 중·고등학교가 8·15 해방 이전에
일찍 세워져서 가정형편이 보통 정도만 되어도
중·고등학교를 다닐 수 있었다.
나에게는 많은 기회를 준 시간이기도 했다.
아직도 그 시절 친구들과 만나 기억을 회상하곤 한다.

W.H.O 장학생이 받는 혜택

1972년 3월 경희대학교 간호대학 전임강사 발령을 받았다. 대학 졸업 후 9년 만이다. 교수가 되겠다는 꿈은 가져본 적이 없다. 여고 졸업 즈음에 대학 등록금을 낼 수 있는 가정형편이 아니기에 그런 돈이 필요치 않는 간호대학을 갔다. 졸업 후 평범한 간호사가 되었고 고아들을 주로 돌봐주는 선명회아동병원에서 일하는 기쁨을 얻었다. 당시 우리나라에는 아동병원이 없었고 그 병원은 외국 선교사인 의사, 간호사들이 와서 많이 도와주는 최신형 병원이라 경쟁자들이 많았다.

최고의 시설은 갖춘 선명회아동병원은 간호대 학생들 실습장소로 소문이 나 많은 간호대학들이 찾아왔으며 지도할 아동간호 경력자가 없어서 학생 지도에 어려움이 많았다. 그래서 선진국으로 유학을 보내 간호술을 배워 오는 계획이 있었는데 그 과정에 선택이 되었다.

그래서 1967년 3월 노르웨이 오슬로 국립아동병원에 근무할 수 있는 기회를 얻게 되고 2년간 병원에 근무하면서 앞서가는 아동간호술을 배울 수 있었다. 당시 우리는 너무 가난해서 풍요롭게 잘사는 그 나라 사람들이 부럽기도 했다. 다양한 삶의 경험과 최신 간호술을 익힌 후 귀국했고 그 경력이 인정되어 대학으로 쉽게 올 수 있었다.

1976년 문교부 공문 한 장이 내 책상 위에 놓였다. W.H.O 장학생 선발 건이었다. 외국 어느 나라든 3개월간 간호술을 배울 수 있도록 모든 경비를 지원한다는 내용이다. 아동간호 강의를 시작한 지도 수 년의 시간이 흘렀기에 선진국 간호술을 더 배워야 하는 목마름이 있던 때다. 전국 간호대학에 보낸 공문이라 선정될 가능성은 매우 희박했다. 단지 꿈이었지만 응모 자격기준이 되므로 서류를 제출했다. 그러나 국립보건소 간호사가 선정되었다는 소식을 들었으며 잊어버렸다.

일반적으로 국가에서 주는 장학금 혜택은 대다수 국립대학 교수들에게 우선권을 주는 예가 많았다. 좋은 과정이 있어도 사립대학에 적을 둔 이들은 그저 바라만 볼 뿐이었다. 그런데 1년이 지난 어느 날 문교부에서 전화가 왔다. 바로 그 장학금을 나에게 주겠단다. 먼저 선정된 분이 언어 통과를 못 해서 취소되었고 W.H.O 사무실로 가서 영어시험을 응시하라는 것이다. 그런데 문제는 내가 막내를 임신한 상태여서 못 하겠다고 하니 언어만 통과되면 유학 떠나는 기간은 변경이 가능하다고 했다. 얼마나 감사한지….

멀리서 부러운 마음으로 바라보기만 했던 그 장학금 수혜자로 선정되었고, 1979년 9월 2돌이 되지 않은 막내를 포함한 가족을 뒤로 하고 미국 샌프란시스코 간호대학으로 유학을 갔다. 많이 알려진 그 대학은 외국인 교수를 쉽게 받아주는 곳이 아니란다. W.H.O 장학생의 극진한 대우에 깊이 감사했다.

내 삶의 첫 미국생활이 그렇게 시작되어서 많은 경험을 쌓게 되었으며 3개월간 샌프란시스코, 뉴욕, 시카고를 방문하면서 최신 간호교육, 간호술, 의료시설을 보고 배울 수 있었다. 그 후 교수활동에 지대한 영향력을 심어주는 계기가 되었고 또한 동문, 교포들을 만났고 새로운 세상을 보았으며 삶의 여정에 많은 힘을 얻게 되었다.

그곳에 도착해서 적응도 안 된 시점에 1979년 10월 26일 박정희 대통령 시해사건을 듣고 너무 당황해했다. 눈물이 나서 혼자 많이 울었다. 그런데 교포들 중에는 나와는 생각이 다른 사람들이 많다는 것을 처음 알게 되었다. 이런 곳이 미국이구나.

시간이 지날수록 가족들이 그리워졌다. 빨리 돌아가길 바랐다. 식구들을 떠나 오래 혼자 있는 것이 얼마나 힘든 일인지 알았다. 가족들과 다시는 헤어져서는 안 된다는 마음을 먹었고, 가족의 소중함을 얻게 되었다. 여러 곳을 방문하는 중 어린이들의 놀이로 유명한 디즈니랜드에 갔다. 아이들의 천국이다. 아이들의 새로운 세상을 보고 많이 부러워했고, 특히 두고 온 어린 막내딸에게 미안한 마음이 많았다. 돌아가면 더 잘 돌봐주겠다고 다짐했다.

W.H.O 장학생이 된 후 새로운 도전을 많이 받았다. 앞으로 가르치는 자로서의 삶이 유지되려면 선진국에 나가서 새 학문을 더 많이 배워야겠다고 다짐했다. 그 후 다행스럽게 1989년 10월 미국 네바다주 레노 대학에 방문하여 우리 교수 2명을 방문교수로 1개월간 머물도록 하는 계약이 성취되었다. 1991년에는 뉴욕 롱아일랜드 간호대학에 졸업생 23명이 편입하게 되어 함께 3개월간 머물렀다. 미국 간호대학 학사와 간호사 면허증을 받는 좋은 기회였다. 23명 전

원은 그 과정을 잘 끝내고 당당한 미국 시민이 되어 지금까지 각자의 삶을 살아가고 있다.

    W.H.O 장학생 혜택으로 인한 도움이 한평생 가르치는 교수의 방향을 잘 이끌어 주었음을 확신하며 도움을 받았기에 이제는 그 도움을 돌려주는 자로서 살아가길 바라는 마음으로 이 글을 마무리한다.

뉴욕에서 아픈 3개월

28년 전, 대학에서 보직을 맡아 열심히 일하던 때의 일이다.

학원장실에서 미국 뉴욕에 있는 4년제 간호대학(L.I.U)에 우리 경희간호대학 졸업생들이 편입하는 길이 열렸으니 학생을 선발하라는 연락이 왔다. 지금은 4년제 간호대학이 많아 간호학사를 받는 것이 별로 어려운 문제가 아니다. 그러나 그 당시는 3년제 간호대학의 수가 더 많아 간호사들이 학사학위를 취득하는 것이 쉬운 일이 아니었다.

그래서 우리 대학졸업생들에게는 아주 좋은 기회가 된 것이다. 졸업생 중 23명을 선발하여 간호학 학사를 받을 수 있는 그 대학으로 편입을 갈 수 있게 되었다. 수업 조건은 1년 6개월, 그 대학에서 언어 연수 및 학과 수업을 받아야 했다. 수업료는 없었으나 그 대신 졸업 후 뉴욕 시립병원에 취업하는 것이 조건이었다. 그 대학이 요구하는 소정의 학점을 취득하면 간호학사 학위와 미국 간호사 면허증을 받을 수 있는 자격이 주어진다는 것이다.

1991년 7월 초 여러 가지 어려운 과정을 거쳐서 드디어 뉴욕 그

대학에 학생 23명과 지도교수 1인이 도착했으며, 그때부터 힘들고 어려운 편입생들과의 미국 생활이 시작되었다. 지도교수로는 내가 갈 수밖에 없어 가게 되었다. 그곳 모든 것을 책임져야 하는데 문제는 언어 소통이었다.

학생들은 거의 모두가 영어가 준비되지 않아 나만 바라보고 있는데 나의 영어실력은 겨우 의사소통 수준이라 공식적 행사부터 수업까지 주선해야 하는 책임은 매우 힘든 상황이나 더 나은 분을 찾을 수도 없었다. 처음 며칠간은 그곳 동문들의 도움도 받아 보았으나 3개월간 내가 책임져서 해야 할 일에는 별로 도움이 되지 않았다.

어려운 일 앞에 놓이게 된 나는 기도와 예배밖에 다른 방법을 찾을 수가 없었다. 매일 아침 함께 예배하고 오늘의 문제를 하나님께 올려드리며 그분의 도움을 구하게 되었다. 물론 23명 전원이 이 예배에 다 참여하지는 않았고 반대하는 학생도 있었다. 첫 3개월이 지나고 학생들은 귀가 점차 열려가고 스스로 할 수 있는 일들이 많아지기 시작하여 각자 독립할 수 있는 상황으로 발전하게 되었다.

그럼에도 불구하고 특히 뉴욕에서의 단체생활을 한다는 것이 얼마나 많은 문제를 야기하는지 그 당시 기숙사 생활 3개월 후 떠날 때 나는 위장병 환자가 되어 있었다.

물론 그다음 지도 교수로 오는 분이 같은 문제를 가지고 올 수 없어서 미국 현지에 거하시는 원로 간호학 교수를 지도 교수로 대처했으며, 전체 편입학생들은 열심히 영어수업으로 언어문제를 해결하고 간호학을 전공했다. 그중 1명은 치과대학으로 편입하여 치과의사가 되었고 또 한 명은 약리학을 전공하여 약사로 근무하고 나머지

21명은 간호사 시험에도 모두 합격하여 미국 간호사로 지금까지 각 처에서 근무하고 있다.

그 후 20년의 세월이 흘러 2011년 10월 다시 뉴욕을 찾아 그들과 함께하는 시간을 가졌다. 17명이 모였다. 그동안 개별로는 모국을 찾았을 때 모교에 와서 만나기는 했으나 뉴욕에서 함께 만난 것은 그때 이후 처음이었다. 23명 중 한 사람도 한국으로 돌아간 자는 없었으나 직장은 뉴욕을 떠나 다른 지역에 사는 사람도 있었고, 그 중 한 명은 신학을 하고 현재 LA에서 전도사로 일하는 분도 있었다. 그는 원래 원불교 신자라서 우리 예배에 참석하지 않았으며 학생회 간부로 활동도 많이 했던 학생이어서 많이 놀랐다. 며칠 뒤 그 전도사에게 전화를 했다.

"교수님 반갑습니다. 저 때문에 놀라셨죠? 처음 뉴욕 왔을 때 예배시간에 참석하지 않고 교수님 애먹인 것 죄송해요. 용서해주세요. 저 지금은 많이 달라져 있어요."

하나님 하시는 일은 아무도 알 수 없다.

28년 전 뉴욕의 시작은 여러 가지로 부족했지만 학생들은 열심히 각자 노력하여 모두 미국생활에 잘 적응했고 훌륭한 인격을 갖춘 시민이 됨을 자랑하며 서로를 격려하는 시간을 가지게 되었다.

뉴욕 브룩클린 다리를 시내 중심가에서부터 건너면 바로 롱아일 렌드 대학이 있다. 그 기숙사에서 보낸 시간들의 추억을 찾아 그곳을 다시 방문했다. 우리가 처음 뉴욕생활을 시작하던 그때 그곳은

흑인들이 많아 주의해야 할 장소로 알려져 매우 조심해서 다녔는데 지금은 그런 문제가 다 없어지고 살기 좋은 새로운 동네로 알려져서 인기가 좋은 곳이 되어 있어 마음이 더 기뻤다.

제자들의 따뜻한 사랑의 접대와 선물에 깊은 감사를 느끼며 뉴욕에서의 3개월의 아픈 추억은 아물어갔다. 지금은 자랑스러운 경희대 뉴욕동문회원으로 모교 발전을 위해 큰 몫을 담당하고 있다.

경희간호 희년

희년이란 이스라엘 백성이 약속의 땅에 들어간 때를 기준으로 매 50년째 되는 해를 지정하여 땅을 경작하지 않고 쉼을 유지하였고 분배받은 상속지를 사정상 팔았다면 원토지 소유자에게 되돌려주었으며 부채 때문에 자신을 판 히브리 종들에게는 자유를 의미하였다. 이스라엘 백성에게 희년은 일 년 내내 축제의 해요, 자유의 해였다.

1967년 3월 경희간호과학대학이 문을 열었다. 나는 3년 후 신혼 때 경희가족이 되었다. 그 후 47년의 긴 시간들이 흘러 50주년 개교 기념잔치를 한다고 초청장이 왔다. 그간 간호대학은 자체 건물 하나 가지지 못하고 의과대학 속에서 더부살이를 해왔는데 이제 훌륭한 건물이 지어져서 이사를 간다고 한다.

늦었지만 단독 건물을 가지게 된 일이 기쁘기도 하나 한편으로는 좁은 공간 문제로 힘들게 지나왔던 날들이 기억나서 아픈 마음도 되살아났다. 그래도 후배 교수들과 학생들이 최신 시설을 갖춘 새로운 건물에서 자유롭게 학문할 수 있게 되었으니 함께 기뻐하고 축하하고 싶었다.

희년 기념행사를 위한 명예교수 모임을 가졌다. 다 참석은 못했어도 모두 이렇게 기쁜 날에 우리들 역할이 무엇이면 좋은지 논의하였다. 경희 가족으로 살아온 날들을 돌아보면서 한마음으로 좋은 선물을 준비하자고 했다. 약간의 이견도 있었으나 기부금을 내기로 결정하고 각자가 바로 송금했다. 아주 큰돈은 아니지만 이만 한 현금을 내본 일 없어서 마음이 기뻤다. 주는 자의 기쁨을 맛본 것이다.

얼마 후 대학 본부에서 연락이 왔다. 은퇴 후 명예교수 전원이 함께 기부금을 내는 일이 흔하지 않다고 칭찬이 많다. 대학 주보에 실어야 한다고 인터뷰 및 사진촬영도 했다. 다시 만난 동료들은 지난 날 그 시간 속으로 달려가서 함께 이야기꽃을 피웠다.

9월 27일 촛불 의식 날이다. 머리에 캡을 쓰고 간호인의 상징을 나타내던 시절에는 가관식을 했으나 이제는 그 행사가 바뀐 것이다. 그 시간 나이팅게일 선서를 하면서 의료인의 마음가짐을 다짐하게 된다. 남을 돕는 일에 헌신하려는 자기 자신과의 약속이다. 선배로부터 간호정신 상징인 촛불을 이어받으며 서로에게 축하를 보낸다. 금년에는 1회 선배들이 세계 먼 곳에서부터 달려와서 희년을 기뻐하면서 경희 간호정신을 후배들에게 이어주었다.

경희간호인으로 한 생애를 보낸 나는 희년행사를 준비하면서 여러 가지 감회가 깊다. 1970년에 함께했던 동년배들은 다양한 사정으로 만나지 못하는 분들이 더 많다. 나이가 들어갈수록 건강을 지킨다는 것이 얼마나 중요한지 실감하고 있다.

그간 매년 100명 이상 배출된 경희간호인들은 세계 각국으로 흩어져서 세상을 밝히는 등불로서의 삶을 열심히 살아가고 있다. 그 일

경희간호인으로 한 생애를 보내고
여러 가지 감회가 깊다.
1970년에 함께했던 동년배들은 다양한 사정으로
만나지 못하는 분들이 더 많다.
나이가 들어갈수록 건강을 지킨다는 것이
얼마나 중요한지 실감하고 있다.

에 함께할 수 있어 많이 감사한다.

희년은 일 년 내내 축제의 해 자유의 해로 이어지길 바라는 마음이다. 감사하게도 의료인은 기독교 교육을 해야 한다는 설립자의 사려 깊은 뜻 때문에 지금까지도 예배와 성경을 학점화해서 교육하고 있음을 자랑스럽게 생각한다. 일반대학에서는 어려운 일이다. 이로 인해 졸업 후 신앙을 갖는 동문들이 많다. 물론 그동안 그 일을 지키기 위해서는 여러 가지 수난을 당했지만….

대학을 떠난 지 12년 예배시간이 너무 소중하게에 학기에 한 번씩 선물을 들고 찾아간다. 억지로 잡혀와 앉아 있는 것 같은 학생들을 기쁘게 해주고 싶어서 앞으로 다시 새로운 세상이 열려도 간호를 택하고 싶다. 주는 자 특히 약한 자를 돌볼 수 있는 것이 얼마나 소중한 것인지 연륜이 쌓여갈수록 더 피부에 와 닿는다.

삶의 성장을 보여준 제자

　지난주 토요일 후배교수 어머님 소천으로 삼성의료원 장례식장에 갔다. 83세까지 건강하게 사시다가 췌장암이 발견되어 항암요법 1차 치료를 받은 후 합병증으로 더 이상의 치료를 중단하고 호스피스 병원으로 옮긴 지 몇 개월 만에 돌아가셨다고 했다. 다행스럽게도 통증을 많이 못 느끼셔서 자녀들과 여행도 하고 삶의 마무리를 잘 하셨다고 해서 서로가 위로를 받게 되었다.

　거기서 86학번 졸업생 박○○을 만났다. 그와는 여러 가지 인연으로 마음에 담아둔 제자다. 일터와 가정을 지키며 열심히 살아가는 그를 알기에 만남이 매우 소중했다. 1970년 3월 30대 초반 나는 경희간호대학 가족이 되었고 16년 지난 1986년에 학장 보직을 맞게 된 것이다. 조영식 학원장님께 불려가서 그 소식을 처음 듣는 순간 매우 떨었다. 한 번도 그 자리를 염두에 두지도 않았기 때문이다. 대학이란 조직에서 보직은 누군가가 맡아야 하지만 그 당시 내 차례는 전혀 아니기 때문에 당황할 수밖에 없었다. 그 전년도 교수자질 문제로 학생들이 데모를 했고 그로 인해 모든 조직이 다 바뀌게 된 것이다.

　그 해 신입생으로 입학한 학생이 바로 그다. 어수선한 학교 분위기라 대표가 중요한 역할을 하는데 그가 반대표가 되었다. 키는 자그만하고 얼굴색은 약간 검은 편이며 가정환경은 부모님은 계시는데 넉넉하지 않았다. 입학 후 시간이 지나감에 따라 신입생들은 학교 사정보다 선배들 이야기에 더 비중을 두는 경향이 있다. 그러한 분위기를 잘 알게 된 반장은 학교문제를 정확하게 알게 되고 문제를 크게 만들어가려는 몇 명 선배들 편에 서지 않고 자기 학년을 잘 이끌어주어 학교문제 해결에 도움을 준 것이다.

그가 3학년이 되어 총학생회장을 맡았을 때 일이다. 어느 날 ROTC 제복을 입은 당당한 미남 학생과 함께 나타났다. 총학에서 서로 만나 친구가 되었으며 그 남학생은 싱글벙글 박○○ 만난 것을 자랑하고 있었다. 졸업 후 대학병원에 취업되었고 몇 년 안 되어 결혼하려 했을 때 시어머니 되실 분이 반대한다고 했으나 결국 가정을 이루었고 아이를 가지므로 전업주부가 되었다.

세월이 지나 2010년 5월 어느 날 은퇴교수 모임에 나타났다. 자기 동기생들을 모아 스승의 날 행사로 전 교수들에게 식사와 선물을 안겨주었다. 지금까지 졸업생 중에 개인별로는 찾아오는 경우는 있으나 사회인이 된 동기들을 많이 모아 함께 스승의 날 행사를 하는 일은 없었기에 감격스런 시간을 갖게 되었다. 이미 50을 바라보는 동기들이다.

그때 그는 2명의 자녀가 대학에 입학해서 다시 간호사로 일하고 있다고 했다. 영등포 김안과에서. 사실 나이가 많아서 취업을 할 수는 있으나 대우문제와 여러 가지 관계형성에 문제가 많아 성공하는 경우가 많지 않기에 약간은 염려되었다.

그 일 후 다시 장례식장에서 만났으니 그간의 일들이 궁금했다. 직장을 다니면서 간호행정 석사학위도 받았고, 여전히 그 병원에서 일을 하고 있으나 첨 시작했을 때보다 월등히 좋은 대우를 받고 있다고 자랑했다. 새로 일을 시작하면서 공부할 각오를 했고 특히 자기 병원을 찾는 환자들에게 만족스런 간호를 해주기 위해 많은 노력을 한다고 했다. 안과 전문병원으로 하루에 7～900명 안과 환자들이 몰려오므로 그들 요구를 다 만족시켜준다는 것은 매우 어렵다고 했다.

남보다 먼저 출근하여 진료에 불편이 없게 모든 준비를 손수 하고 직원 간의 인간관계도 즐겁게 일할 수 있는 병원을 조성해갔다. 그런데 처음 몇 년간 정신없이 일해왔지만 석사학위를 받은 후에는 자기 신분에 맞는 대우를 받고 싶어 다른 종합병원으로 가야겠다는 생각을 했고 윗분께 알렸는데 담당 의사가 야단이 났단다. 절대로 다른 병원으로 가서는 안 된다고. 그의 영향력을 익히 알고 있었기 때문이었다.

많은 대화를 나누면서 다른 병원으로 옮겨가려던 계획은 접었고 여기가 내 평생 일하는 곳으로 하겠다고 다짐했단다. 행정적으로 시정해야 되는 부분이 바뀌고 다른 동료들에게도 적정수준의 대우를 해주는 변화를 가져왔기 때문이다. 동료 중에서도 늦게 취업된 그를 곱지 않은 시선으로 보아오던 중 그들 문제도 함께 해결하는 계기가 되니 분위기가 바뀌게 되었다고 했다.

지난 5년간 그에게 일어난 일들은 그 자신에게만 유익한 것이 아니고 그 병원 진료에도 많은 도움을 주었고 함께 일하는 동료들에도

많은 시간을 보낸 제자들이
환자를 돌보다가 결혼을 하면서
간호의 현장에서 가족에게로 돌아갔지만
경력이 단절된 상태에서
끊임없는 노력으로 제자리를 찾아
함께하는 사람들에게까지 도움을 주면서 살아가는
간호사에게 뜨거운 격려의 박수를 보낸다.

긍정적인 효과를 끼치게 되어 많은 성취감을 안겨준 상태였다. 대학을 졸업한 그의 딸아이는 영국으로 유학을 가게 되어 비싼 학비 내고 공부시켜준 부모님께 많은 감사를 잊지 않는다고 자랑도 했다.

시부모님 이야기도 흥미롭다. 교사로 평생을 보내신 분인데 결혼 당시는 약간 반대했으나 아이들을 키우기 위해 전업주부가 된 것으로 인정을 받게 되었다고 했다. 그런데 시부모가 은퇴 후에 함께 살자고 하여 합치게 되었는데 얼마간 살다 보니 도저히 그러한 상황으로 더 살 수가 없다는 결론을 얻게 된 것이다.

고민하다가 어느 날 가족들이 다 모인 자리에서 분가해서 살게 해 달라고 부탁했고 아파트는 복층이라도 좋으니 같은 공간을 피해 달라고 했단다. 그 후 문제는 해결되었고 고등학생인 아들이 엄마에게 최고로 잘한 일은 그 말을 한 것이라고 칭찬을 했단다.

영등포 김안과 이야기도 인상적이다. 바로 그 전날 눈동자 혈관이 막히는 문제로 주사기로 약물 주입시술을 내가 받았기에 그 과정을 알아보다가 환자 편에서 볼 때 대학병원보다 그 병원이 더 편리한 점이 많다는 것도 알게 되었다. 시술 후 눈을 가리고 불편하게 견뎌야 하는 시간과 세수를 못하게 하는 날수도 그 병원이 더 짧았다. 환자에게는 더 편리한 병원이다. 워낙 안과 환자가 많이 오니 더 앞서 갈 수밖에 없는 것 같기는 하나 대학병원으로는 그러한 문제를 해결해야 할 일이라 사료된다. 다음 안과 방문 때는 간호사에게라도 이 사실을 알려야겠다고 다짐한다.

이런 일도 있었단다. 첨 그 병원을 개원하고 유명 병원이 되게 한 그 의사가 90세를 넘어서 아직 살아계시는데 개원 기념일에 그를 초청하게 되었단다. 강의 첫 내용이 지금 택시 타고 이곳으로 오는 중 기사의 질문은 그 병원 초창기 김안과 선생님이 살아 계시냐고 문의하기에 아마 그럴 거라고 했다면서 아직 내가 건재하다는 것을 좀 소문 내달라고 했단다. 단과 병원으로 그 많은 환자들이 매일 온다는 것은 매우 드문 일이다. 개인 안과 병원 의사들 중 대다수는 중증 환자들은 모두 그 병원으로 보내온다고 했다.

전업주부로만 살아가다가 자녀들을 대학에 보낸 후에 다시 취업을 하면 나이는 많고 경력이 단절된 상태라서 만족하게 일할 수 있는 자리를 찾는 것이 쉽지 않는데 끊임없는 노력으로 공부해서 제자리를 찾아 함께하는 사람들에게까지 도움을 주면서 살아가는 박○○ 간호사에게 뜨거운 격려의 박수를 보낸다.

김안과병원과 박 간호사의 무궁한 발전을 위하여.

제자에게 배우는 기쁨

몸을 웅크리게 하던 쌀쌀한 날씨는 어느새 가슴을 넓게 펼치게 하는 따뜻한 봄날이 되었다. 4월 첫 번째 금요일, 퇴직 후 매달 그때 동료들을 만나는 즐거운 날이다. 삶의 소중한 시기를 함께 나눈 분들이라 이젠 모두 일선에서 물러나 있어도 서로에게 소중한 이라 이 날만은 잊지 않고 함께하여 서로를 격려한다. 처음 모임은 13명으로 시작되었으나 10여 년이 지나는 동안 이미 유명을 달리한 분도 있고 생존해 있어도 함께할 수 없는 요양원 삶을 사는 분이 있어 숫자가 줄었다.

장소는 경희대 정문 한 중국 음식점이다. 지나간 날들을 되돌아보고픈 마음 때문에 한결같이 그곳에서 만난다. 특히 오늘은 멀리 단양 S대 교수인 박○○가 찾아와 식사 대접을 한다니 정말 고마운 일이다. 많은 제자들이 훌륭하게 자라서 전국 각처 간호대학에 가르치는 자로 활동하는 이가 많다. 가까이 있는 자 중에는 가끔 식사초대를 하는 이도 있다. 그러나 지방대학으로 간 자들을 만나기는 쉬운 일이 아닌데 대접을 한다니 기쁨이 가득하다. 특히 스쳐 지나간 제자들은 많지만 재학 시 분담 지도교수였기에 그의 초대가 더 가슴에 와 닿는다.

　20여 년 전 입시면접시험 당시를 기억한다. 32세로 이미 4년제 대학을 졸업했고 학사학위를 소지했는데 다시 3년제 간호대학에 입학하겠단다. 그 당시로는 또래보다 나이 차가 많은 편이라 졸업 후 취업할 때 많은 제약을 받아 원하는 병원에 못 갈 수도 있었다. 모든 것을 다 말해도 간호사가 되겠다는 마음을 한결같아 순위에 따라 입학했다.

　그동안 경력으로는 수녀원에서 몇 년을 지났다고 했고 외모도 약간 허약해 보였으며 부모님도 고학력자들이었다. 학교생활은 성실했고 연령이 높았으나 친구들과 유대관계가 나쁘지 않고 원만한 학교생활을 했기에 나이 차가 있어도 문제없이 졸업할 수 있어서 교수들이 잘 기억하는 졸업생이 되었다. 그런데 취업할 때 신졸로서 나이가 너무 많아 본인이 원하는 모교 병원에 취직할 수 없었다.

　그래서 본교 대학병원에는 취업을 할 수 없어 중소 병원으로 갈 수밖에 없었다. 그 후 얼마의 기간이 지났을 때 모교 병원에서 근무하는 그를 만났다. 반가운 마음에 '어떻게 다시 여기로 오게 되었는지?' 하고 물었더니 그 당시 강동 고덕에 경희대병원을 개원하게 되어 본원 경력자들이 많이 옮겨가게 되니 간호사가 많이 부족하여 나이와 관계없이 본원으로 다시 취업되었다고 한다. 모교에 가까이 왔으니 그동안 계획한 대로 다시 공부를 시작했고 간호학사 석사 박사 과정에 도전한 것이다.

박사를 받은 날까지 그는 남들보다 5~6년이나 더 긴 시간을 투자해야 했으나 꾸준히 그 길을 걸은 것이다. 그래서 50대가 되어 박사학위를 소지했으며 지방대학에 연결되어 2년 전 단양 신성대학 간호학과에 내려가게 되었다. 그 소식을 들은 우리들은 그의 끝없는 노력에 한마음으로 뜨거운 박수를 보냈고 입학 당시를 생각하면 간호사로 잘 졸업을 할 수 있을지 염려되던 그가 모든 것 떨쳐내고 당당한 교수로 살아감을 모두가 함께 기뻐한 것이다.

그러기에 함부로 남을 평가하는 것이 얼마나 잘못된 오류를 불러올 수 있는지 다시 반성하고 있다. 그는 끊임없는 노력과 성실하므로 자기 계발을 이루어낸 훌륭한 제자임을 자랑하고 싶다.

시작은 미약하지만 끝은 창대하리라는 성경 말씀을 기억하게 하는 자다. 살아오면서 성공과 실패를 나름대로 분류한다면 단연히 성실과 끈기를 강조하고 싶다. 지나치게 머리가 좋다 생각하고 성실하지 않거나 끈기가 없으면 바라던 결과를 가져오기가 어렵다고 사료된다.

더 감사한 일을 교수 발령받고 곧바로 결혼을 한다는 소식에 모두들 염려의 반응을 보였는데, 너무 순진한 자가 어떻게 되지나 않은지 걱정도 했으나 지금까지 남편의 보호를 받으며 잘 살아가고 있음을 알게 되었다.

부모님이 아직 살아계시고 든든한 남편도 생겨서 지금은 오직 좋은 강의로 양질의 간호사를 배출하는 것이 목표라고 한다. 그 사건 후 조금 늦었지만 퇴직교수 전원의 마음을 담아 예쁜 난 화분을 그의 교수실로 배달했다. 매우 기뻐하며 더 열심히 가르치는 일에 전념하겠다는 답이 왔다. 살아가는 보람을 잠깐이라도 은퇴 후에도 함께 느끼는 동료들이 있어서 감사하다.

허망한 약속

일상에서 일어나는 여러 가지 소식 중 요즘은 아픔을 주는 내용이 더 많아졌다. 함께 직장생활을 한 동료 K교수가 그전부터 건강에 이상이 있어 투병생활을 해 왔으나 중환자실에서 기계에 의존해서 호흡을 한다는 안타까운 소식이 왔다.

가슴이 철렁 내려앉는다. 생각보다 또래인 그의 건강상태가 너무 나빠졌기 때문이다. 사실 치매진단이 내려진 지 몇 년 되었다. 무거운 마음이다. 친하게 지내던 동료들이 부산으로 문병 간단다. 함께 하기 쉽지 않는 내 형편이라 더 혼란스러운 마음이다.

30대 초반 경희가족으로 그를 만났다. 대다수 간호학 전공교수들이 구성원인 대학에 영어교수다. 그리고 지금까지 독신으로 살아왔다. 1970년대는 미혼으로 사는 것이 지금보다는 흔하지 않아 많은 사람들이 같은 질문을 했다. 왜 결혼을 하지 않고 혼자 사는지?

그는 서울에서 대학을 마친 1960년대 미국에 유학을 했고 그곳에서 영어교사를 했단다. 어머니가 갑자기 아파서 귀국하였으나 소천하셨고 다른 형제들도 있으나 60대 중반으로 혼자 되신 아버지를 모시게 되었다. 그는 재산도 있었고 재혼도 하지 않고 따님의 보호 속에 90세를 넘게 장수하셨다.

그는 매사에 서구식 잣대를 사용하므로 때로는 직장에서 이견을 불러오기도 했으나 사사로운 감정에 치우치지 않고 공의를 이루어 가는 데 앞서갔다. 학생들도 그의 삶이 돋보여 따르는 자가 많았다. 위중한 소식을 듣고 중환자실로 동료들보다 먼저 달려온 제자들이 있었단다. 얼마나 아름다운 소식인지? 시간이 흘러도 스승을 사랑하는 정성에 주위 동료들이 부러워하고 있다. 세월이 지나도록 스승을 잊지 않고 찾는다는 것은 보통 정성이 아니다.

나도 그의 사고와 삶을 존경해왔다. 부유하게 자랐고 넉넉한 삶이나 아주 서민적으로 사셨다. 타인의 배려를 먼저 챙기는 푸근한 마음을 가졌다. 자녀가 있어도 재산을 다 물려주지 않고 일정 부분만 주고 사회 기증을 더 많이 하겠다고 했다. 물론 그 당시는 자녀가 없으니 그런 말을 더 쉽게 하는 것일까? 그런 그였으나 약속을 지키지 못하고 중환자실에 있다.

50대 후반 유방암 진단을 받고 Y종합병원에서 절제 수술을 받았다. 그것으로 인해 마음에 큰 부담을 가졌고 더 안타까운 일은 조직 검사에서 암이 아니란다. 유명한 병원에서 그런 실수를 하다니? 그 일로 깊은 상처를 받게 되었고 건강 회복이 잘 되지 않았다. 함께 사는 가족이 있으면 서로가 위로를 줄 터인데 혼자 생활하고 있으니 상태가 더 나빠져갔다.

누구나 자기가 하고 싶은 일을
다 이루기는 어려운 것이 인생이다.
함께 지내오면서 여러 가지로 본을 보여 주었던
사람들이 이제 곁을 떠나는 일이 많아졌다.
그럼에도 불구하고 생전에 그들이 보여준
흔적은 남아있는 사람들에게 아쉬움과 함께
진심으로 존경의 마음을 우리에게 갖게 한다.

직장은 각자의 사사로운 일까지 서로 나누게 된다. 그 교수가 나의 남편 대학 입학동기인 것을 알게 되었다. 가정교사로 학업을 이어가는 대학 초년 시절 그 여학생은 많은 남학생들의 로망이었고 사귀고 싶었던 인기 여학생의 1순위였다고 했다.

예쁘고 단아한 외모, 부유한 집안형편 그래서 쉽게 접근할 수도 없는 쳐다만 봐야 하는 존재였단다. 꿈속의 그 여학생이 나와 함께 근무한다니 믿기지 않는단다. 그 시절 동기들을 만나서 많은 이야기를 했단다.

마산이 고향이신 그의 부모는 5남매를 두었는데 딸 두 분이 경희대학교 교수였다. 둘째 언니는 화학과 교수로 정년을 맞았다. 첫째 딸은 경기여고 시절 이북으로 북송되었다가 수 년 전 남북가족상봉 1차 방문단으로 서울에 왔었다. 그때 가족사를 처음 들으며 눈물을 흘리기도 했다.

그 언니는 북에서 높은 지위에 있으므로 1차 상봉으로 서울을 오게 되었다고 했으며 선물로는 커피를 많이 원했다고 했다. 여동생도 있었는데 두 아들을 두고 일찍 암으로 돌아가셨고 그 남편은 재혼해서 대구에서 살기에 조카들을 서울로 데려와서 대학까지 돌봐주었고 큰조카를 양자로 입양하여 말년을 돌봐주고 있다.

은퇴하면 여행을 마음껏 다닌다기에 함께 가겠다고 약속도 했다. 가진 재산은 얼마만큼만 자녀에게 물려주고 사회에 기부한다던 약속도 이제는 꿈속의 대화가 되었다. 치매가 다 가져가버린 것이다.

누구나 자기가 하고 싶은 일을 다 이루기는 어려운 것이 인생이다. 그러나 그와 함께 지내오면서 여러 가지로 본을 보여주었고 은퇴 후까지 함께 삶의 기쁨을 나눌 계획을 한 사이이기에 현재의 상황을 바라보는 마음이 너무 안타까워 이렇게라도 남겨두고 싶다. 그를 진심으로 존경해왔기에….

추억을 남긴 사람 돌아보기

    1967년 3월, 26세의 한 미혼녀가 미지의 나라 노르웨이로 유학을 갔다. 이 정도 나이면 시집을 가야 한다는 어머님의 말씀을 뒤로하고, 외국인 선교사가 운영하는 선명회아동병원 간호사 시절, 한사람을 뽑아 선진 간호술을 배우게 하고 귀국 후 간호교육에 참여하는 과정이었다.

    노르웨이가 지금은 아름다운 나라로 많이 알려졌지만 그 당시 나에게는 모든 것이 새롭고 이상한 것들이 많았다. 깨끗하고 아름다운 건물과 시가지, 어디를 가도 예쁜 꽃들, 풍성한 먹거리들, 조국과는 너무 달라서 하나님께 왜 이래야 하는지 수없이 많은 항의의 기도를 하면서 힘든 초창기 생활을 보냈다.

    점차 언어를 배워가면서 친구를 사귀게 되고 교회나 여러 모임에 나가게 되면서 2년간 그곳의 생활을 즐기게 되었다.

    기숙사에 거주했는데 덴마크, 태국 등 세계 각국에서 온 학생들과 함께 생활하면서 여러 젊은이들을 만날 수 있었다. 그러던 중 한 청년(폴 노마)이 유별나게 나에게 친절했다. 모임이 끝나면 자동차로 기숙사까지 데려다주고 가끔 전화해서 오슬로 근교에 구경도 시켜주고 해서 태국 간호사 2명과 함께 잘 놀러 다녔다. 후에 알게 된 그의 인적 사항은 나이는 23세, 신학대학생, 아버지는 신학대학 교수, 두 누나는 결혼했고 외아들 막둥이, 부모님은 나이가 많다고 했다.

그러던 어느 날 자기 집으로 초대했다. 넓고 아름다운 정원과 훌륭한 저택이었고, 부모님은 나이가 많아 보였다. 외아들이 동양여자를 데리고 왔으니 약간은 어색한 표정을 보여 그 모습을 나도 감지할 수 있었다. 그 나라도 백인 우월사상으로 동양인과 결혼하는 것은 바람직하지 않는 일로 간주한다고 했다.

그는 나보다 3년 연하이고 수련과정이 끝나면 곧 귀국해야 하기에 그를 이성으로 생각해본 적이 없었다. 그래도 그 나라 상류층 가정을 가보고 싶어 초대에 응하게 되었으며 특히 폴은 동양인을 첨 만나서 호기심이 많았으니 가끔 찾아왔다가 없으면 방문에 꽃이나 선물을 달아놓고 가기도 했다.

어느새 2년의 수련기간이 지나 오슬로 공항을 떠나는 날 폴은 헐레벌떡 선물을 들고 나타났다. 나는 깜짝 놀랐다. 지금도 그때의 모습을 잘 기억해낼 수 있다. 훤칠한 키, 약간 길쭉한 얼굴, 하얀 피부의 그가 예쁜 브로치 선물을 들고 나타났다.

떠난다는 소식을 듣고 달려왔단다. 고마운 마음을 가지고 헤어졌다.

30년 후 1997년 동료 교수 10명과 함께 스칸디나비아로 여행하는 기회가 있었다. 그때 만났던 친구들과 꾸준히 연락을 해온 터라 여행

중 오슬로에 머무는 동안 따로 시간을 내어 그들을 만나기로 했다. 30년만의 홈커밍home coming이기에 들뜬 마음으로 몇 명의 옛 친구들을 만나 그 동안의 회포를 푸는 기쁨을 만끽했다. 그때 함께 그 폴 이야기를 하면서 그들도 어디 있는지 잘 모르지만 이름을 알고 있으니 전화번호부에 있는지 찾아보겠다고 했다.

30년 전 오슬로 공항을 떠나던 날 막 달려오던 미남 청년 폴이 어떠한 모습일까 궁금하기도 하고 힘든 외국 생활에 많은 즐거움을 준 그를 한번 만나보고 싶어서 찾아보라고 했는데 그곳을 떠날 때까지 찾지 못했다고 해서 서운한 마음으로 떠나 다음 여행지인 스톡홀름에 도착했다. 잊어버리고 중식을 하는데 식당에서 나를 찾는 전화가 왔다고 해서 급하게 받으니 바로 폴이었다. 다음 여행지를 친구에게 남기고 왔더니 연락이 왔다.

너무 깜짝 놀라 서로의 안부를 묻고 주소를 나누고 만나보지 못하는 아쉬움을 남기고 전화를 끊었다. 그때 옆에 있던 동료들이 박수를 치며 나보다 더 기뻐했다. 옛 애인은 못되어도 그때 나를 기쁘게 해준 미남 청년이기에 전화로 통화한 것도 다행이라 여겨졌다. 그 후 몇 번의 소식을 주고받았는데 자기가 편지를 쓰는 이 장소에는 93세된 장모와 3딸과 부인이 함께 있노라고 알려주었다. 나도 회답을 보냈다. 폴과 마지막 헤어진 후의 나의 모습을 아름답게 상상하도록….

무소식이 희소식이라는 말을 기억하면서 그도 아름답게 살아가리라 믿고 있다.

잠깐 동안이지만 50여 년 전으로 시간여행을 다녀오게 만든 이 순간이 행복하다.

오슬로역 도난사건

지금보다 더 가난했던 시절 간호사들의 해외취업은 국가에서 장려한 사업이다. 1960년대 중반 파독간호사의 애환은 너무나 잘 얼려진 일이며 미국 캐나다 등 세계 각 나라에 한국 간호사들이 취업이민을 많이 하고 있었다. 그러나 노르웨이는 자국 사정상 한국 간호사 취업이민이 이루어지지 않았던 국가였다.

1967년 3월 간호사 자격으로 노르웨이 오슬로 국립아동병원에 유학하는 기회를 얻어 2년간 그곳에서 거주했다. 그때 우리나라는 매우 가난했고 그곳은 사회보장이 잘 되어 있는 부유한 나라라 많은 문화 차이로 처음에는 심한 충격도 맛보게 되었다. 귀국 후 경희간호대학에서 가르치는 일을 시작했다.

30년의 세월이 지나 은퇴의 날들이 가까워질 무렵 1997년 8월, 동료 교수들과 함께 제2의 고향과 같은 그곳으로 여행을 하게 되었다. 그때 사귀었던 지인들과 친구들을 다시 만나는 기쁨의 시간도 갖게 되었는데 초라하고 가난했던 그 당시 우리의 모습과는 대조적으로 발전한 조국을 그들에게 자랑하게 되었고 그들도 한국을 가끔 다녀

갔기에 우리의 발전된 모습에 칭찬을 아끼지 않았다.

세계인들이 30일 만 살아보고 싶은 나라 1순위인 노르웨이를 우리 동료들은 구석구석 찾아다니며 눈과 귀와 입으로 즐거움을 맛보았다. 열흘간의 여행으로 북유럽의 아름다움을 만끽했고 평생에 잊지 못할 좋은 추억을 만들고 돌아왔다.

그 후 그곳 지인과 연결되면서 2000년 한국 간호사 취업이민을 정부지원으로 하게 되어 첫 번째 팀 20여 명이 가족들과 함께 이주하게 되었다. 당시 신문에서 간호사 노르웨이 취업이민을 긍정적으로 보도하면서 격려하였다. 그 후 회가 거듭하면서 외국 간호사들이 많이 입국하니 자국 간호사들에게 불이익이 많아진다고 이민조건을 더 어렵게 만들게 되어 더 이상 진행되지 못하고 중단되었다. 그동안 약 40여 가구 이상이 이주하여 지금까지 그곳에서 정착하여 살고 있다.

그 일로 2007년 오슬로를 다시 방문하게 되었을 때의 일이다. 공무를 끝내고 오슬로역에서 기차를 바꿔 타기 위해 기다리는 시간이었다. 역 건물 밖에서 몇 명의 지인들과 환담을 나누고 있었다. 여행용 작은 가방은 항상 매고 있어야 하는데 주위에 사람이 없고 조용한 곳이라 안심하고 가방을 벗어서 옆에 두고 이야기에 정신이 없었다. 맞은편 조금 떨어진 거리에는 몇 명의 남자들이 이곳을 주시하고 있음을 보았으나 우리를 노리고 있다는 생각은 전혀 하지 않았다.

그때까지도 난 30여 년 전 내가 처음 알았던 그 당시 노르웨이로 착각했다. 물건을 전철에 두고 내려도 그대로 그 자리에 두는 것이

상식으로 된 나라였기 때문이다. 절도나 도난은 생각할 수 없었던 그 시절로 생각하고 있었다. 잠깐 사이 옆에 둔 작은 가방이 없어졌다. 조금 전 한 청년이 내 가까이 지나간 것을 예사로 생각했는데 그가 가져간 것이다.

하늘이 노랗다는 말을 이럴 때 쓰는 것이다. 기차를 타고 타 지역으로 가야 하고 지인들과는 작별해야 하는 시간 여권과 지갑을 모두 잃어버린 것이다. 멍하니 하늘만 쳐다보다가 내가 무엇을 크게 잘못했는지 하나님께 기도하고 반성했다. 다시 정신을 가다듬고 다음 처리를 해야 한다고 생각했다.

곧바로 경찰서로 가서 모든 상황을 신고했다. 시간이 많이 걸렸다. 자정을 넘어서 호텔을 찾아 하루를 오슬로에 더 머물면서 한국대사관에서 임시여권을 준비했고 다행히 직원이 친절하여 사진촬영도 도와줘서 더 큰 문제가 없이 그곳을 떠날 수 있었다. 그때 그 대사관 직원에게 감사의 마음을 다시 전하지 못해서 죄송한 마음을 지금까지 가지고 있다.

아름다운 추억으로 제2의 고향으로 정겹게 느껴졌던 노르웨이가 많이 달라진 모습을 예측하지 못한 내 자신을 나무라며 귀국길에 올랐다. 그 후 그래도 출발 전 가입한 여행보험이 있어 재정적인 손해는 없었으나 정신적 충격은 내 생에 최고의 아픔이었다.

연금 타는 방법 결정 잘하기

　힘들게 일하지 않고 쉬면서 연금으로 살아가는 삶이 벌써 11년이다. 항상 시간에 매여 직장에 다닐 때는 마음 놓고 며칠이라도 푹 쉬고 싶다는 순간도 많았다. 그 시절 급여명세를 보면 꽤 많은 분량의 돈이 연금저축으로 떼기에 생활에 지장을 준다고 생각한 적도 있었다. 그러나 그렇게 모아진 몫이 지금 이 시점의 내 삶에 얼마나 큰 역할을 하고 있는지를 실감한다. 미래를 위해 오랫동안 참고 준비한 나 스스로에게 감사한다

　직장에서는 비슷한 연배가 소수라도 함께 일할 수 있으면 여러 가지 도움된다. 가르치는 현장에서 구성원들의 연령이 높은 층에서부터 낮은 층으로 적당히 배열되어 있으면 가장 이상적이라고 한다. 그래야만 직장 어느 곳에서라도 일어날 수 있는 문제들을 예방하는 데 도움이 된다. 은퇴 시기가 와서 연금을 어떤 방법으로 받을 것인지 또래 교수들과 의논하는 경우가 많았다. 연금수령 방법은 3가지로 자기가 선택하면 되는데 총액을 일시불로 받는 방법, 일부분은 현금으로 받고 매월 수령액을 줄여서 받는 법, 평생연금으로 받는 법 등이다.

대다수가 3번째 평생연금을 택하였으나 또래 중 한 분이 현금으로 일부분 받고 연금은 조금 줄어서 받는 두 번째 방법을 택하였다. 이유는 부부가 모두 지병이 있어 오래 살기가 어렵고 또한 3딸이 있는데 현금으로 좀 도와주고 싶어서 고심 끝에 그 방법을 택하게 되었다고 했다.

경희간호과학대학은 금년 9월 창립 50주년 희년행사로 자체 건물을 지어 이전하게 되는 큰 행사를 할 계획이라고 연락이 왔다. 사전 모임으로 명예교수들을 초청하는 회식자리가 마련되었다. 여러 가지 소식을 듣게 되었고 그때는 총동문들을 초청하여 단독건물을 가지게 된 기쁨을 함께 나누는 큰 행사를 한다고 했다. 그동안 오랜 세월 의과대학 건물 속에 끼여 살아오면서 비좁은 공간문제로 학생들에게 미안한 마음도 많았다. 50년 만에 꿈속에 그리던 단독 건물로 이사를 하는 것이니 경사 중 경사다.

원로교수 15명이 함께 모여 그 행사에 우리가 무엇을 할 것인지를 의논하였다. 여러 가지 안이 있으나 대학 발전기금을 내기로 하고 그 액수를 얼마로 할 것인지 의견이 분분했다. 각자의 생활상황이 다르지만 분명한 것 하나는 모두 연금을 받고 있다는 사실이다.

15명 은퇴교수들이 좀 큰돈으로 기부하고 싶어 하는 분과 그렇지 않은 안으로 나누어졌다. 최종 결론은 1인당 200만 원 이상 모으는 것으로 결정을 내렸다. 그 과정에서 연금을 자녀에게 나누어준 그분이 가장 난처해 하는 모습을 보게 되었다. 은퇴 11년이 지나고 나니 미리 자녀들에게 나누어준 그 금액은 기억 속에서 사라져버렸고 매월 수령액이 다른 교수에 비해 3분의 2밖에 안 되는 현실에만 갇혀 있는 모습이 안타까웠다.

연금 수령법을 결정하는 그 당시는 건강에 크게 문제가 있는 것으로 생각했으나 의술이 두 분의 건강을 많이 회복시켜준 것이다. 아무도 앞날을 미리 다 볼 수는 없으나 은퇴 시 연금 수령은 현금으로 일부 먼저 받는 방법보다 전액 평생 수령하는 것이 삶에 더 많이 유익이 된다는 것을 모두가 공감했다. 미리 자녀들에게 나누어준 그 현금의 효력은 10년이 지난 지금 아주 미약할 뿐이기 때문이다.

2부

다정한 우리는
한 가족

나의 어머니

어린 시절 어머니가 너무 좋아서 나는 자라서 의사가 되고 싶고 병원을 개원하면 이름을 어머니병원으로 해야겠다고 했다. 8남매 막내로 태어나 늦게까지 어머니 젖을 빨고 등에 업혀 다녔던 때를 기억한다. 늦둥이 짓을 많이 했으며 엄마 없는 세상은 상상도 못하는 아이로 자랐다.

경북 구미 고향마을에서 어머니는 대농을 하시면서 한평생을 보내셨다. 농사 그 자체가 삶의 전부이셨고 큰 보람으로 살아오셨다. 8순을 넘기실 때까지 한결같이 일을 하셨고 건강하게 사셔서 동네에서는 일 많이 하시는 할머니로 소문이 났다. 별명이 "백 대래기"였다. 매일 대래기를 매고 들에 나가 아들 손자 농사일을 돌보시니 이웃들이 붙여준 별명이었다.

86세가 되신 해 어느 날 함께 살고 있는 가족으로부터 연락이 왔다. 어머니에게 문제가 있다고. 정신이 이상해졌는지 자기 장롱 옷을 모두 정리하고 어디론가 떠나실 준비를 한다고 해서 급히 고향으로 가서 어머니와 마주 앉아 그간의 사정을 듣게 되었다.

어린 시절 어머니가 너무 좋아서
나는 자라서 의사가 되고 싶고 병원을 개원하면
이름을 어머니병원으로 해야겠다고 했다.
8남매 막내로 태어나 늦게까지
어머니 젖을 빨고 등에 업혀 다녔던 때를 기억한다.
늦둥이 짓을 많이 했으며 엄마 없는 세상은
상상도 못하는 아이로 자랐다.

어머니는 눈이 잘 보이지 않아 더 이상 농사일을 할 수도 없고 자신을 필요로 하는 사람이 없으니 죽기로 작정하시고 옷을 정리하기 시작했다고 했다. 난 너무 깜짝 놀랐다. 자식들 8남매가 모두 제 위치에서 살아가는데도 문제를 의논도 하지 않으시고 혼자서 고민하시다가 눈이 보이지 않게 되니 아주 장님이 된 줄 아시고 사는 것보다 죽음이 더 좋겠다고 생각하신 것이다.

서울로 모시고 와서 병원진찰 결과 백내장이 심하신 것이었다. 오늘날 백내장은 간단한 수술로 치료가 잘 되나 그 당시는 전신마취를 해야만 수술할 수 있었다. 86세이신 어머니가 마취로 인해 위험한 일이 올 수도 있다는 의사의 말에 온 가족들이 의논을 하게 되었다. 그래서 반대하는 자녀들도 있었다. 그러나 제일 중요한 것은 본인 어머니의 생각이었다.

"엄마 수술하시다가 돌아가실 수도 있대."

"장님으로 사는 것보다 수술하다 죽는 것이 더 낫다."

어머니의 확고하신 마음을 알고는 어렵지만 수술을 받게 되었다. 마침 잘되어 별다른 위험은 없었으나 그때 눈 속에 넣는 렌즈가 있어 비싼 것을 넣으면 안경을 안 쓰셔도 되는데 값이 싼 것은 수술 후 안경을 쓰고 다녀야 한다고 했다.

어머니 연세가 많으니 얼마나 사실까 하는 생각으로 돈이 적은 것을 선택했다.

그 후 어머니는 6년을 더 건강하게 사시면서 친구들과 화투놀이도 하시고 마을도 잘 다니셨다. 그런데 어머니 눈에 낀 안경을 볼 때마다 렌즈를 넣어 드리지 못한 것을 후회했다. 그런 어머니께서 생의 마감이 다가오고 있었다.

90세가 되면서는 시골 농사일 하는 아들네 집을 떠나 서울 딸네(언니)로 오셨다. 건강해서 일할 수 있을 때까지는 아들네만 있으려 하시던 분이 거동이 불편하니 딸네로 오신 것이다. 모두들 일을 해야 하는데 집에만 있는 것이 불편하셔서 아예 딸네로 오신 것이다. 몇 년간은 서울에서 편안하게 사시다가 다시 시골로 내려가시면서 좀 아프더라도 다시는 서울로 데려오지 말라고 당부하셨다.

그 당시는 잘 몰랐는데. 어머니는 삶을 더 연장하시고 싶지 않으셨던 시점이라 생각되어진다. 눈 수술 때문에 나와 함께 머물면서 고향 친구분들의 여러 이야기를 들려주셨는데 특히 노인들이 어떻게 생의 마지막을 끝내야 하는 것이 가장 좋은지를 아신다고 했다.

어머니가 위독하다고 연락이 왔다. 92세 어머니는 정신이 맑으신데 음식을 잡술 수가 없었다. 스스로 생을 마감하실 생각으로 물도 마시지 않아서 아예 식도가 기능을 상실한 상태였다. 가족들과 함께 임종예배를 드렸다. 어머니를 안고 하나님께 기도와 찬양을 올렸다.

"엄마, 천사가 오면 따라 가세요."

"나도 얼마 지나면 그곳에 가요, 그때 만나요."

어머니는 조용하고 평온한 상태로 눈을 감으시고 그리고 호흡이 멈췄다.

천국에 가심을 확신할 수 있었다.

지금도 그 순간을 생각하면 기쁨이 온다. 천국이 있음을 확신하였기 때문이다.

서울에서 6개월 살아보기

유난히 무덥던 여름이 끝나는 8월 말 이른 새벽에 인천국제 공항 2터미널로 향했다. 6개월 전 미국에서 귀국한 딸네 가족이 출국하는 날이다. 모국어와 우리 문화를 조금 더 알려주려고 서울에 온 초등학교 6학년, 3학년 손자 손녀는 우리말을 잘 듣기는 해도 표현력과 발음이 서툰 상황이었다. 머물 집을 따로 구하고 3월 새 학기에 한 초등학교에 입학하는 것은 많은 복잡한 일들이 뒤따랐다. 마침 사촌들이 다니고 있는 수서역 근교에서 그 일을 펼치게 되었고 곧 바로 평창 동계올림픽에도 다녀오고 계획한 대로 한 학기를 무사히 끝내고 떠나는 것이다.

6개월간 무엇을 경험하고 어떠한 변화를 얻고 돌아가는지 조금은 궁금했다. 그곳에서 태어나 학교 잘 다니고 있는 남매인데, 사위만 남겨두고 둘만 데리고 온다는 딸 소식을 들었을 때는 선뜻 동의하기가 어려웠다. 그러나 아이들 엄마는 이번 학기가 아니면 한국에서 한 학기를 보내는 것이 쉽지 않다는 것을 알게 되었고 곧 자기 대학에 적법한 순서를 밟고 서울대학에도 교환 교수자리까지 얻게 되어 순조롭게 그 일이 시작된 것이며, 지난겨울 2월 말 서울에 도착하게 되었다.

둘은 같은 초등학교 각 반에 배치되어 수업을 받을 때 처음은 여러 가지 일로 약간은 힘들어하고 특히 3학년 손녀는 편식이 있어 학교 급식에 어떻게 적응할 것인지 염려도 되었으나 친구들과 어울리면서 식사도 그런대로 잘하고 까다롭던 식습관도 조금씩 적응되어 한 학기를 잘 마무리할 수 있었다.

6학년 손자는 처음 한국어에 익숙하지 못했을 때는 수업에 적응하는 것이 늦었으나 3개월 후부터는 친구들과 잘 어울리게 되었고 성적도 상위권에 들게 되었다. 떠날 날이 가까워지자 사위가 귀국했다. 6개월 만에 만난 아빠를 무척이나 좋아하는 손녀의 모습을 보면서 그간에 사위가 남매를 얼마나 애정으로 키우는지를 알 수 있었다. 우리 아빠라고 당당하게 자랑하며 소개하는 손녀의 모습에서 마음속에 담아둔 아빠의 존재가 항상 당당한 그의 자존감을 세워감을 알 수 있었다.

길지 않은 기간에 많이 성장한 남매를 본 사위는 변화된 모습에 매우 만족스러워하고 그간의 기러기 아빠의 생활이 헛되지 않았다고 했다. 또래 친척 아이들 틈에서 서서히 한국 아이로 바뀌어가는 모습은 아이들 세계에서만 느낄 수 있는 변화인 것이다. 대가족들과의 교류는 많은 경험을 쌓게 하며 특히 가족들과의 여행, 여름휴가, 교회학교 친구들과의 사귐, 수련회, 첼로와 바이올린 수업 및 수련 등은 많은 변화를 가져오게 한 원동력이 된 것 같다.

특히 손자 녀석은 운동에 관심이 많고 다양한 스포츠를 좋아한다.

지금 살고 있는 미국 동부 하노버 지역은 캐나다와 제일 가까운 곳이다. 겨울이 길고 눈이 많이 와서 겨울 스포츠가 인기가 많다. 그래서 평창 동계올림픽에 참석하는 것이 그와 친구들, 그 지역 아이들에게는 꿈의 도전이기도 하고 큰 자랑이기도 했다.

서울 학교에서 손자는 여자 아이들 중에 인기가 많다고 했다. 몇 가지 이유가 있단다. 우선 상대방에 대한 매너가 레이디 퍼스트인 미국식이니 좋아할 수밖에. 다음은 영어를 잘해서란다. 그런데 한 가지 정말 놀라는 것은 미국에서 살다온 우리 손자보다 영어를 더 잘하는 아이가 그 반에 2명 있다고 했다. 얼마나 엄마들이 적극적으로 어릴 때부터 영어 교육을 하고 있는지를 알려주는 현실이다.

떠나면서 내년의 계획들을 서로 나누어본다. 애 엄마는 한 학기를 쉬었으니 내년 여름휴가 때 서울에 오는 것은 어렵다고 했다. 그런데 손자는 자기 혼자서라도 와야 한단다. 왜냐하면 친구들과 다시 만나서 함께 그 프로그램에 참여하기로 약속했기 때문이란다. 어쨌든 혼자서라도 다시 오고 싶은 서울이 된 것은 다행으로 여겨진다.

입국 때는 아이 둘이었으나 돌아가는 길은 아이 셋이다. 서울에 사는 셋째 딸 손녀 1명을 데리고 가는 것이다. 영어를 배우기 위한 유학이다. 그 손녀는 미국 시민권 소유자다. 거기서 태어나 생후 8개월 귀국해서 현재 초등학교 5학년이다. 미국 시민권자인데 영어를 한마디도 못하니 창피하다고 생각하고 있기에 이모네 가족들을 따라 일 년 그곳에서 살아보기로 하고 떠나는 것이다. 부디 힘든 과정을 잘 견디고 내년 이때는 시민권자의 당당한 모습으로 만날 수 있기를 바란다.

네 딸과 함께.

바쁜 엄마였고 인생의 선배였던 엄마였고,

인생을 함께 살아낸 동지였다.

그동안 수고한 딸들의 노력에 감사한 마음이다.

입국수속을 다 끝내고 한식당에 갔다. 딸과 여러 가지 이야기를 마무리하면서 서울대학교 교환교수로 매달 집세가 포함된 월급을 받은 결과를 조금 언급했다. 몇 번의 국내 세미나 참석과 논문발표, 홍콩국제 학술회에 참여로 폭넓은 교수들과 만남을 가졌으며 원하기만 하면 항상 불러줄 수 있다고 한다. 이는 아무나 할 수 없는 다트머스 대학 테니어 교수가 받는 대우다. 사실 그 자리까지 오기가 너무 힘들었다. 그동안 수고한 딸의 노력에 감사한 마음을 담았다.

아이 돌볼 사람 구하다 죽다

주말이면 딸 가족들이 자주 찾아온다. 조용하던 집이 소란스럽고 복잡해진다. 유치원생도 있는 외손자 손녀 여러 명이 함께 저녁식사를 하니 당연하다. 그러나 팔순이 지난 남편은 그런 분위기를 참지 못하고 식사만 끝나면 서둘러 떠나기를 바란다.

1970년대 초 첫 딸을 얻었을 때의 기쁨은 지금까지 기억한다. 세브란스 병원에서 퇴원하는 날 남편이 아기를 안고 화곡동 집으로 가는데 행여나 잘못될까 긴장되어 팔에 힘을 너무 주어서 집에 가서 애기를 내려놓고는 팔을 펴지 못하고 아파했다. 얼마나 소중한 보물을 안고 갔는지? 그렇게 아이들을 좋아하고 기뻐했다.

그 후 둘째가 연년생으로 태어나고 3년 차로 나머지 두 딸들이 태어났다. 전적으로 가정부 손에서 자라난 아이들이다. 돌보는 사람을 구하느라 어머님이 많이 고생하셨다. 당시 함께 한 동료 아이 엄마들의 하소연이 있었다. 사후 비석을 세우면 그 비명에 쓸 내용이 있다고 했다.

"아이 돌볼 사람 구하다 죽다."

매 주말에 딸 가족들과 만난다.
때로는 음식을 준비하는 것이 약간의 부담으로 닦아올 때도 있다.
그러나 아직 그 정도 준비하는 건강이 있기에
감사하는 마음이다. 모두가 함께 만나
기쁨을 나눌 수 있기에 주일 저녁을 함께하는 것이
우리 부부가 건강하게 사는 방법이다.

많이 힘들었던 그때를 되돌아보면 그래도 말썽 없이 잘 자라준 딸들에게 고마운 마음이다. 남아선호가 지금보다 더 심하던 당시 아들을 바라는 남편의 마음을 보았기 때문이다. 넷째 아이 출산 후 병원에 있을 때 일이다. 친척들과 친구들이 위로하는 말이 이 아이가 자라서 활동할 때는 아들보다 딸이 더 좋은 세상이 온다고… 서운한 마음을 달래주는 말로 넘겼다.

세월이 빨리 지나 둘째 딸이 아들 셋을 낳았을 때 딸을 원해서 셋째를 가졌는데 매우 서운해한다. 30여 년 전 내가 넷째 딸을 출산했을 때와는 정반대 현상이다. 한 세대의 흐름 속에 바뀌어져가는 세상 현상들. 똑똑하다고 자처하는 사람들이 많지만 불과 30년 앞의 일들을 못 내다보는 우리들이기에 아들만 셋을 가진 딸을 위로했다. 저 아이가 자라난 30년 후의 일들을 더 긍정적으로 바라보자고.

딸들과 자라오던 어린 시절 이야기를 하다 보면 직장 나간 엄마, 변변한 놀이터 하나 없는 동네에서 위험한 곳인 줄도 모르고 높은 담벼락을 낀 이웃집 경계선을 돌아다닌 이야기를 들을 때 정신이 번쩍 난다. 지키시는 분이 없었더라면 큰 사고로 이어질 수도 있었을 것이다. 그러면서 현재 자기 아이들을 키우느라 매우 바쁘다. 엄마는 어떻게 넷을 키웠느냐고 문의할 때가 많다. 젊음과 기쁨과 열정이 있어서다.

그런 딸들이 다산을 선호한다. 의아하여 물었다. 엄마가 힘든 것 보면서 왜 아이들을 3명씩 낳느냐고? 살아보니깐 여러 자매가 있어서 행복하단다. 오빠나 남동생이 있었으면 더 좋겠지만….

지금도 친구들 중에는 아들만 있어 며느리 자랑할 때는 그 마음

이 어떠한지 상상이 안 간다. 아들이 없기 때문이다. 세상은 원하는
것을 다 가질 수 없다. 부족한 가운데 더 풍성함을 맛보는 비결을 얻
은 것이다.

20대 중반 결혼하기 전 기독교 국가 노르웨이 가정교육을 경험했
다. 유교사상으로 자란 나에게는 앞으로 가져야 할 가정의 아름다운
그림을 그려보았다. 잠들기 전 아이들과 함께 침대에서 부모들의 성
경 읽기. 기도하기 등. 행복한 가정과 세계관을 보았다.

매 주말에 딸 가족들과 만난다. 때로는 음식을 준비하는 것이 약
간의 부담으로 다가올 때도 있다. 그러나 아직 그 정도 준비하는 건
강이 있기에 감사하는 마음이다. 모두가 함께 만나 기쁨을 나눌 수
있기에 주일 저녁을 함께하는 것이 우리 부부가 건강하게 사는 방
법이다.

세 자매 해외 여행기

평균연령 80인 세 자매가 일본 북해도에 도착했다. 겨울 스포츠와 눈 축제로 많이 들어왔던 이름, 막상 와보니 기후도 우리나라와 비슷하여 시원하고 깨끗하며 온천이 많아 쉽게 편안함을 느꼈다. 면적은 남한에서 강원도를 제한 크기라고 한다.

떠나기 전까지 8순이 넘은 두 분 언니와 과연 좋은 여행이 될 수 있을까 하며 염려도 하였으나 모든 것은 기우에 불과했다. 여행의 즐거움을 재대로 찾으시고 즐기신다. 3명이 한방을 쓰는 것도 걱정되었으나 온천지역이라 큰 다다미방으로 불편함이 없어 다행이었다.

우리 형제는 8남매로 첫째가 딸 다음으로 아들 4형제 끝으로 딸 3명이다. 6 · 25 당시 넷째 오빠가 소위계급을 달고 전투에 배치되었다. 추운 겨울이었다. 어머니는 아들은 전쟁터에서 소식이 없는데 쓸데없는 딸들만 따뜻한 방에 있다고 큰소리로 화를 내셨다. 그 말은 세월이 흘러도 잊혀지지 않았다. 다행스럽게 그 오빠는 무사히 살아 돌아오셔서 생존해 있는 4남매 중 유일한 남자 분이다.

시골에서 대가족 속에 성장한 어린 시절이지만 초등학교만 함께 다녔고 둘째 언니는 도시에 살고 있는 오빠들 덕에 부산에서 중 · 고등학교까지 다녔다. 그러나 셋째 언니와 나는 시골 중학교를 다녔는데 3살 나이 차로 내가 중학교 입학하는 것과 언니가 고등학교 가는 시기가 중복되니 둘 다 보낼 수 없어서 언니가 양보하고 야간고등학교로 갔다. 그 일이 항상 부담으로 남아 있었다.

세월이 지나가서 어머니가 90세가 되어 아들집에서 농사일 하시는 것이 어렵게 되니 서울 딸집으로 오셨다. 건강하실 때는 딸네는 오래 머물지 않으신다. 항상 아들이 최고이신 어머니에게는 그것이 삶의 철학이셨다. 그래서 언니와 함께 옛날 어린 시절 엄마에게 구박받던 이야기를 털어놓았다. 쓸데없다던 그 딸들이 지금 이렇게 엄마의 보호자로 있노라고….

환한 웃음으로 대답하신다. 나이 들어 일할 수 없을 때에는 딸네에 오는 것이라고. 그런 세월 속에서 세 자매는 각자의 길을 걷게 되었고 지금까지 빈번한 만남으로 여생을 가꾸어가고 있다. 둘째 언니는 부산에 사신다. 딸 4명 아들 하나, 그리고 손자 손녀 수 명을 둔 할머니시다. 짝은 4년 전에 먼저 보내시고 광안대교가 마주보이는 해변가 아파트에 혼자 사신다. 아침 일찍부터 바닷가 둘레길을 걷는다. 건강을 잘 관리해서 복된 노년을 보내고 있다. 자녀들의 적극적인 도움이 큰 힘이다.

언니는 매사에 긍정적이다. 그리고 부지런하다. 그 힘이 오늘의 복된 결실을 만든 것으로 안다. 그가 걸어온 길을 천천히 살펴보면 많은 것을 알려준다. 젊은 시절 5남매를 키우느라 고생도 많이 하셨다. 내가 아이들 키우느라 힘들어할 때 자기 경험을 알려주시면서 위로했다. 딸들을 잘 키우면 나중에 많은 힘이 된다고. 그때는 이해되지 않았던 충고가 세월이 훌쩍 지난 지금 현실이 되었다.

멀리 떨어져 살지만 자주 통화도 하고 만나는 기회를 만들려고 애쓴다. 셋째 언니는 서울에서 함께 살아왔다. 나에게는 어머니와 같은 존재다. 일찍부터 직장 가진 동생 집의 된장 고추장 김장은 늘 언니의 몫이었다. 어린 시절 나 때문에 야간고로 갈 수밖에 없었던 아픔을 처음 물어보았다. 그건 당연한 처사라고 하셨다. 진한 자매 사랑을 느꼈다.

셋이 3일간 여행 중 많은 대화를 나누었다. 지난날의 기쁨과 아픔, 현실의 자녀문제와 건강을 나누면서 또 다른 삶의 의미를 맛볼 수 있었다. 오랫동안 함께 해외여행을 못하다가 이번 나들이는 지쳐 있던 삶의 현실을 재충전하는 기회가 되었다. 특히 언니는 두 동생에게 큰 선물을 주셨다. 언니의 사려 깊은 마음에 그저 감사하다는 말만 전했다. 나이가 들면 주머니 끈을 풀라는 뜻을 더 실감했다.

이것이 언니들과의 여행이 마지막 될지도 모른다는 생각도 했었으나 돌아온 지금은 다시 새로운 여행지를 찾아야 한다는 생각으로 가슴이 설렌다.

하롱베이 절경을 즐기다

살아오면서 미지를 여행을 한다는 것이 얼마나 삶의 활력을 불어넣는지를 경험했기에 나이가 좀 높아도 그 세계를 동경한다. 20대 후반 1960년대 유럽 및 성지 예루살렘 둘러보게 된 것이 그 맛의 시작이었다. 그 당시 앞선 유럽 문화를 통해서 반만 년의 역사와 석굴암 등이 세계 최고의 자랑거리라고만 배워왔던 나의 조국 대한민국이 얼마나 가느다란 역사와 문화유산을 가졌는지를 체험적으로 깨닫게 되었다. 그 후 학문을 전하는 자로 살아가는 것은 자기 전공분야에서 만은 세계적인 수준을 잘 알아야 한다는 의무감으로 가득 차게 되었으며 학문과 연관하여 자주 선진국을 볼 수 있는 기회를 만들어갔다.

은퇴 후 기억에 남는 여행은 터키 방문이었고 그때 가이드가 강력히 추천한 다음 여행지가 바로 세계 8대 절경 중 하나인 하롱베이였다. 그러나 수 년이 지나도록 그 계획을 실현하지 못하게 되어 안타까워하다가 지난 5월 21일부터 3박 4일 베트남 수도인 하노이와 그곳을 다녀올 수 있게 되었다.

여행비용도 높지 않고 마음만 먹으면 다 잘 여행할 수 있는 그곳을 쉽게 갈 수 없었던 이유는 함께 가고 싶은 분들이 이미 다녀왔기

세계 8대 절경 중 하나인 하롱베이
투명한 에메랄드 빛 사이에 솟아 있는
3천여 개의 섬으로 이루어져 있다.
나이들어 여행은 젊은 날의 시각과은
다르게 많은 생각을 갖고 시작한다.
베트남의 역사가 다시 느껴지는 시간이었다.

때문이다. 내 스스로 여행사를 찾는 것보다 누군가의 도움을 받고 싶은 욕구가 더 많았는데 그런 분들이 이미 다 다녀온 것이다. 그래서 더 이상 기다릴 수 없어서 내 스스로 개척하기로 마음을 다듬고 고령이신 언니 두 분을 모시고 가기로 했다.

마침 먼저 다녀온 후배의 도움으로 인터넷으로 KRT여행사를 찾게 되었고 한 번도 회사 직원을 만나지 않고 모든 진행을 할 수 있어서 무사히 즐거운 여행을 하게 되었다. 참 좋은 시대에 우리가 살고 있다는 것을 다시 실감했다. 다른 사람의 도움으로 여행할 때보다 스트레스는 좀 더 받아도 마음은 큰 보람으로 가득 찼다. 두 분 언니들도 매우 만족해하신다. 더 큰 보람을 맛보게 되었다.

베트남은 사회주의 공화국으로 국민은 호찌민 주석을 자기 부모보다 더 존경한다. 그가 잠들어 있는 곳은 성지화 되어 있고 수많은 사람들이 예의를 갖춘 복장으로 줄을 지어서 박제된 그의 시신 앞을 지나간다. 죽어서도 그의 생전 모습을 그대로 보여줘야 하는 것이 난 안쓰럽게 느껴졌다. 호찌민 자신의 의사와는 상관도 없이, 살아생전 그의 유언은 죽으면 화장하여, 베트남 남쪽과 북쪽 지방에 분산하여 뿌려달라고 하였으나, 추종 세력들이 유언에 따르지 않고 이곳에 모시고 있단다.

방부처리 기술이 미흡하여, 매년 10월에서 12월까지 약 2개월 정도 시신을 러시아로 보내 새롭게 방부처리 하게 하므로 죽어서도 매년 러시아 여행을 해야 하는 행운(?)의 사나이라고 말하는 사람도 있다. 당당한 군인 두 사람이 시신 바로 옆에 보초를 서있다.

베트남을 식민지로 100여 년 지배하던 프랑스를 1954년 5월 1만여 명 프랑스군을 꼼짝없이 항복하게 만들어 철수하게 했는데 호찌민은 "너의 나라 군인 1명이 죽을 때 우리나라 군인 10명이 죽는다고 해도 우리를 이기지 못한다"라고 일침 놓은 대화가 유명하다.

미국도 남쪽 월남의 "응오딘지엠" 정권을 지지하면서 북쪽 월맹과 싸움하면서 어마어마한 포탄을 투하하는데, 그 양을 원자탄으로 비교하면 일본 "히로시마"에 투하한 원자탄의 450배가 된다고 한다. 그럼에도 불구하고, 1975년 4월 29일 사이공의 미 대사관 옥상에서 마지막 헬리콥터로 탈출하는 미 군인들의 모습이 전 세계 방영되었다. 중국도 1979년 2월 국경분쟁에서 손발 다 들고 철수하게 만든 그 호찌민이기에 지금 그를 우상화하고 있다.

유네스코에서 지정한 세계 8대 절경중 하나인 하롱베이는 하늘에서 내려온 용이라는 뜻으로 설명한다. 투명한 에메랄드 빛 사이에 솟아 있는 3천여 개의 섬으로 이루어져 있다. 바위와 절벽, 동굴 등이 있는 섬들이 기후나 태양빛 따라 모습과 빛깔을 미묘하게 바꾸는 광경들이 절경을 이룬다. 선착장에서 100여 명이 탈 수 있는 배를 타고 에메랄드 속으로 들어갔다. 물론 구명조끼를 착용하고. 잔잔한 호수와 같다. 파도가 전혀 없다. 겹겹이 둘러싼 섬들이 파도를 막아준다. 1시간 이상 달려도 배 멀미 염려가 없고 바닷속 괴암절벽을 낀 섬들이 가깝게 다가온다. 하늘 아래 낙원이라 느껴진다. 배 2층으로 올라가서 탁 트인 꿈의 나라 속으로 빠져들었다. 절경 중의 절경이다.

정말 이곳에 오기를 잘 한 것 같다. 많은 한국 사람들이 찾아왔다.

부부모임, 가족들, 친구들, 자매들, 손녀와 할머니, 우리 3자매가 제일 연장자들이다. 조금 힘들 때도 있었으나 끝까지 잘 다니며 즐겼다. 서로를 격려하면서.

노년기 추석

추석이 곧 다가온다. 그래서 사람들 특히 주부들은 바쁜 마음으로 보낸다. 설날과 단오 등은 오래전부터 지켜온 우리 민족의 큰 명절이다. 언제부터 지켜왔을까? 궁금해서 찾아보니 신라시대로 거슬러갔다. 그때부터 대표적인 명절이었다고 한다. 어릴 땐 마냥 기다려지는 명절이었다. 도시에서 공부하거나 직장을 다니던 오빠들이 고향으로 돌아오는 날이다. 만나는 반가운 마음도 있으나 함께 밤을 따로 산에도 가고 그동안 나의 학교생활도 검사했다. 칭찬받으려고 시험지와 공책을 보여주면서 인정받기를 즐기면서 뛰어다녔다. 푸짐한 선물도 가지고 오니 기다려지는 명절날이었다.

삼강오륜 유교사상으로 가정교육을 받으며 자랐다. 제사에는 남자들만 참여하고 여자들은 음식 준비하는 것으로 지냈다. 추석 아침 제사에는 사촌들도 참석해서 대가족이었고 많은 음식을 준비해서 함께 나누었다. 또 오후에는 가족들이 함께 산소를 찾아 성묘를 했다. 소풍가는 들뜬 마음으로.

세월이 지나면서 어릴 땐 기다려지던 그 명절이 부담으로 다가오게 되었다. 일방적으로 받기만 하던 그 상황에서 베풀기를 끝없이 해야 하는 주부로서의 삶을 살기 때문이다. 그래도 제사 대신 예배 드리는 가정을 이루었기에 얼마나 감사한지 모른다.

어렸을 때 참석해온 명절 제사를 지금도 친정 조카는 이어가고 있다. 얼마나 힘이 들까? 안타까운 생각이 들기도 하지만 출가외인인 자가 따지지는 못한다.

아이들이 자라는 동안 제사는 없어도 추석명절에 준비해야 하는 송편과 나물 몇 가지는 직접 만들어서 그 시절 먹어본 음식들을 음미해왔었다. 그러나 지금 80을 바라보는 시점에 이르고 나니 명절을 보내는 방법이 바뀔 수밖에 없음을 실감한다. 직접 음식을 만든다는 것이 쉽지 않은 건강상태가 된 것이다.

그래서 올해 추석은 부담을 주는 명절이 아니라 은근히 기다려지는 것으로 보내고 싶다. 직접 만드는 음식은 거의 줄이기로 작정했다. 그래도 만나는 기쁨은 꼭 필요하기에 요즘같이 잘 준비되어 있는 음식을 몇 가지 구입하고 만드는 것은 조금 하기로 작정했다. 마음이 한결 가벼워지고 서로에게 기쁨을 더해줄 선물들을 생각해보기로 했다.

명절 하면 기억에 남는 것 중 하나는 선물이다. 사회 활동하던 때는 명절에 인사를 해야 하는 분이 있어 '어떤 선물을 할까?' 고민도 해보았고 또 선물을 많이 받았을 때도 있었다. 그러나 지금은 받는 것도 부담되고 보내는 것도 힘이 들어 거의 중단하기로 했다. 그간 가까운 동기간에 명절 작은 선물이라도 보냈었는데 내 스스로에게 누군가가 말이라도 하는 듯 그만해야 한다는 마음이 일어남을 알게 되었다.

어떤 치레로 선물 보내는 일을 모두 접기로 했다. 약자를 기쁘게 해주는 약간의 선물은 남겨두고. 명절을 즐겁게 보내는 방법 중 하나이다. 딸만 키워 시집보낸 가정의 명절 아침은 조용하다. 시집으로 먼저 가기 때문이다. 점심이나 저녁에 만나야 한다. 수 년간 그렇게 해 왔기에 익숙하다. 아들을 둔 부모의 당당함을 알지 못한다. 늦게라도 찾아온 딸들과 오순도순 이야기하는 것이 기다려지는 명절 기쁨이다. 금년 추석에 마침 한 딸애가 외국여행을 간단다. 약간 서운은 하지만 각자 맡은 역할이 있으니 이해할 수밖에 없다.

이번 명절에도 꼭 찾아봐야 하는 친척 한 분이 있다. 파주 근처에 혼자 사시는 80중반의 할머니시다. 자녀가 없고 젊은 시절 남편 운영 공장에서 식당을 맡아 일하셨다. 약하지만 건강하게 혼자 잘 지나신다. 추석날이면 우리를 기다리신다. 그전에는 명절에 집에 오셔서 함께 예배하고 가셨으나 이제는 거동이 불편하셔서 우리가 찾아가야 한다. 만나면 그렇게 반가워하신다. 자녀들과 함께 선물을 들고 방문하려고 준비했다.

어린 시절 받기만 하던 추석 명절이 이제는 찾아가 선물을 주는 기쁨으로 채워짐을 감사한다.

크리스마스 가족만찬

금년 마지막 달 12월이다. 한 해를 마무리하는 달이기에 마음과 몸이 더 바쁘다. 특히 성탄과 송구영신 등의 절기가 다가오기 때문이다. 지난 주일 자녀들의 방문으로 즐거운 저녁식사를 함께 나누었다. 딸린 아이들과 같이 식사를 하려면 복잡한 것은 사실이나 또 다른 기쁨이 있기에 그날을 기다린다.

예수님 탄생을 기념하는 날이 가까워지니 매년 행사인 크리스마스 가족만찬을 어느 날로 할 것인지 둘째딸이 묻는다.

"글쎄, 너희들 전체가 다 함께 모일 수 있는 날이 좋을 거야."

1967년 20대 중반일 때 노르웨이 오슬로에서 그때까지 경험해보지 못한 크리스마스를 맞이했다. 기독교국이기에 가장 큰 명절이다. 12월이 가깝게 되면서 백화점과 시내 중심가에 준비되는 예쁜 크리스마스 장식은 우리와 비슷하나 가장 특이하게 나를 놀라게 한 것은 성탄 이브 저녁 때는 시내 거리에는 거의 사람들이 다니지 않는다는 것이다. 우리와는 너무 대조적이다.

모두들 가족과 함께 보내기 때문이다. 헤어져 살던 가족들이 다

모이는 날이다. 온 가족이 선물을 서로 다 준비한다. 정성을 드려서. 미리 준비된 선물들은 크리스마스트리 밑에 쌓아 두었다가 그날 저녁만찬을 한 후 성탄축하파티로 함께 주고받는 기쁨을 나눈다. 처음 맞는 이국인에게는 평생 잊을 수 없는 감격을 안겨주었다. 그들로부터 따뜻한 선물도 많이 받았다.

그 추억 때문에 가정을 이룬 후로 아이들과 함께 성탄전야는 온 가족이 함께하는 좋은 식사와 선물이 있는 시간으로 만들려고 노력해왔다. 수년이 흐른 이제는 각자가 독립하여 주부가 되고 자녀들을 키우고 있어도 성탄절에는 그때로 돌아가는 시간을 함께하기를 원한다. 선물도 많이 준비해오는 우리 가족만의 행사가 된 것이다.

외국에 나가기 전에는 백인을 만나면 당연히 미국사람으로 아는 무지한 때도 있었다. 유럽을 너무 몰랐기 때문이다. 그곳 친구들을 사귀면서 북유럽과 신대륙 미국의 차이점을 조금씩 알게 되었다. 특히 그들은 전통과 예의범절을 중요하게 여긴다. 어릴 때부터 엄하게 가르치는 가정예법을 배우면서 자란다. 식사 시 식탁에 기대거나 턱을 괘거나 소리 내며 음식을 먹거나 음료를 마시는 것은 금물이다. 그곳에 먼저 가 있던 한국인들이 실수한 것들을 알려준다. 몇 명의 한국 간호사를 초청해서 스파게티를 대접받은 사례다. 손님 접대로 함께 스파게티를 먹는 중 주인은 음식은 먹지 않고 멍하니 한인친구들을 바라보고 있더란다. 왜 먹지 않고 우리만 바라보고 있느냐고.

"너희 나라에서는 스파게티 먹을 때 이렇게 소리를 내며 먹어야 하는 거니?"

외국에 나가기 전에는 백인을 만나면
당연히 미국사람으로 아는 무지한 때도 있었다.
북유럽과 미국의 차이를 알만큼의 나이가 드니
그들의 문화와 전통을 다시 생각하게 만든다.
그것은 차이는, 그 기초는 가정에서 전통과 예절에서
시작된다는 사실을 알게 되었다.

그때야 배고파서 정신없이 잔치국수 먹듯이 후루룩 소리를 내면서 먹고 있는 자신들을 보게 되었단다. 소리 내어 숭늉을 마시는 것이 더 다정스럽게 여기는 우리와는 많이 다른 습관이다.

　　"로마에 가면 로마법을 따르라."

　　세계화에 앞선 국가로 발전된 오늘의 우리는 많이 달라져 있다.

　　귀국 시 꼭 사가지고 오고 싶은 것이 그 당시는 너무 많았다. 1순위가 식사용 포크와 나이프였다. 그것도 은으로 된 것. 그러나 너무 고가여서 차선으로 스테인리스로 된 것을 구입했고 그것도 아주 훌륭했다. 지금까지 성탄전야 가족만찬에 사용해왔고 양식으로 소고기 스테이크를 먹어왔다. 그래서 성탄절 가족만찬은 우리 가족 행사가 된 것이다.

　　그간 세월이 많이 흘러가 대가족이 되었다. 우리 딸들이 어린 시절에는 그 음식이 아주 귀하고 기다려지는 것이었으나 지금은 아니다. 성탄 전야가 아니라도 쉽게 먹을 수 있는 환경이 되었다. 그래서 올해는 다른 것으로 준비하고 싶다. 예를 들면 좀 거리가 떨어져 있는 포항이나 부산바닷가에서 직송하는 회를 의논해보겠다. 자라나는 꿈나무들이 더 선호하는 식탁을 차리고 싶어서. 참 좋은 세상을 누리고 있다 우리는.

평창 동계올림픽과 딸네 가족

　제2터미널 인천국제공항으로 딸 가족의 귀국 마중을 가는 길이
다. 인천국제공항은 그동안 다녀보았기에 찾아 가는 길이 익숙하다.
전철역에 내리면 쉽게 도착한다. 그런데 얼마 전부터 제2터미널 공
항이 새로 생겨 혼동할 수 있다고 해서 긴장된다. 다행히 잘 찾아서
반갑게 만났다. 대한항공 비행기는 모두 그곳으로 도착한단다.

　딸네 가족 4명은 미국 하노버 지역 다트머스 대학촌에서 살고 있
다. 한국에서 학사와 석사과정을 끝내고 미국에서 박사과정을 시작
해서 지금은 그 대학의 테니어 교수가 되었다. 멀고도 힘든 과정을
보내고 지금은 안정된 삶을 살고 있다. 그런데 늦게 남매를 얻어 아
직 초등학교 6학년, 3학년이다. 한국말이 서툴러 금년 6개월을 서
울로 전학해서 공부하려고 하고 본인도 서울대학교에서 교환교수로
사무실과 체류비를 지원받게 되어 입국하는 것이다.

　그동안 여름 방학이면 매년 1개월 이상 서울에 있으면서 우리말
을 사용하였으나 돌아가면 다 잊어버리고 영어만 둘이 사용하니 내
외는 안타까워 사위만 두고 6개월간 3명이 입국한 것이다. 그런데
두 아이들은 한국 학교에 다니는 것을 부담스러워해서 선뜻 찬성하

지 않았다고 한다.

그런데 마침 평창 동계올림픽 구경도 갈 겸 가자고 하니 6학년 짜리는 스포츠에 관심이 많아 생각을 바꿨다. 그리고 자기 학교 친구들에게 한국 평창 동계올림픽에 간다는 말만 전하게 되니깐 친구들 사이에 부러움의 대상이 되었단다. 유색인이 거의 없는 백인들만의 학교다. 그 속에서 여러 모로 힘들 때도 있으나 그런 대로 적응하면서 6학년까지 온 평범한 학생이다. 그러한 자그마한 초등학교에서 전교에 소문이 나서 마치 올림픽에 참가하는 운동선수가 되는 양 많은 부러움의 대상이 되었고 인기 맨이 되었단다. 평창에 참여하는 것으로….

또한 대학에 있는 딸에게도 전화가 왔단다. 그 지역 로컬 TV에서 인터뷰 요청이었다. 북한과 여자 아이스하키 단일 팀에 대한 소감을 문의했단다. 아이들 한국어 연수 및 본인의 서울대학교에서의 연구 목적으로 서울행을 결정한 가족들이 평창 동계올림픽으로 인해 예상치 못한 일들을 경험하게 된 것이다.

다트머스 대학은 보스턴에서 3시간 더 북쪽으로 캐나다와 국경을 이루고 있는 지역에 있다. 아이비리그 9개 대학중 하나로 설립목적은 백인자녀들을 교육하기 위함이었다. 지금은 조금씩 바뀌어가고 있으나 유색인은 아주 소수이다.

따뜻한 남쪽에서 벗어나 추운 곳으로 옮겨가면서 백인들만의 삶의 터전을 만들고 싶어서 뉴잉글랜드, 뉴런던이라는 도시도 있다. 겨울에는 영하 20도 이하가 되는 추운 곳이다. 그래서 겨울 스포츠가 인기다. 스키를 동네에서 탈 수 있다. 인구도 많지 않고 환경이 자연 그대로 보존되어 정말 맑은 공기와 아름다운 산세를 가진 곳이다.

그래서 도착한 그다음 날로 서울 다른 가족들은 생각지도 못한 평창을 함께 가는 기쁨을 얻게 된 것이다. 남자 아이스하키 4강전 참관표를 구입해서 8명이 고속열차로 다녀왔다. 일단 평창 참석 인증 샷을 찍어 그곳 친구들에게 보냈다. 남자 아이스하키 4강전은 독일 캐나다 팀이었는데 관람 가족 8명(어른 2명) 전원은 캐나다 여행을 다녀왔기에 그쪽을 응원했다고 한다. 표가 고가라 제일 낮은 좌석 표였으나 시야가 멀리까지 잘 볼 수 있었다. 관람객도 많고 수준도 높은 분위기라 아주 훌륭한 게임을 보니 서울 도착이 새벽 2시였으나 전혀 피곤치 않았다고 했다.

이제 올림픽은 폐막되었고 서울에서 막 초등학교를 다시 시작하는 2손주들과 또 다른 6명의 서울 본토박이 손주들과 함께 오찬을 하면서 부디 이달 3월부터 시작되는 새 학기가 이들의 생애를 아름답게 꾸며주는 신학기가 되길 소원한다.

패럴림픽paralympic에서 얻은 새 꿈 하나

패럴림픽 단어가 생소하여 찾아보았다. 하반신 불수para plegia와 올림픽olympic의 결합으로 시작되었으며 정식 명칭은 마비자를 위한 국제 스토크 멘더빌 경기대회부터 사용됐다. 1948년 런던 스토크 멘더빌 병원 국립척추 상해센터에서 재활 치료를 위해 시작된 경기대회다. 참여 대상의 폭이 넓어져 동계, 하계올림픽으로 나눠 열리게 되면서 대회 명칭도 일반인과 다를 바 없다는 parallel로 말하기도 한다. 올림픽 폐막 후 2주 이내로 대회가 시작되며 약 10일 정도 진행된다.

2018년 2월 말 평창 동계올림픽이 폐막되었고, 3월 9일 딸네 가족들과 함께 패럴림픽에 참여했다. 늦게나마 전 세계 사람들에게 알려진 평창을 방문할 수 있어 약간은 흥분된 마음이었다. 아이들 8명과 어른 4명이 평창 한화콘도 2실을 빌려 여정을 풀었다. 전날 그곳에 눈이 많이 내려 패럴림픽을 축복해주는 또 다른 세상이 펼쳐져 있었다.

일반적으로 우리나라 3월은 강원도라도 눈이 별로 없는 것이 일상이다. 그래서 2월에 열리는 평창 동계올림픽도 스키 타기에 충분한 눈을 어떻게 확보할 것인지 염려하는 분들도 많았다. 그러나 2월과 3월 모두 예년에 볼 수 없었던 충분한 눈이 내려 그런 염려들이 기우가 되었다. 그래서 마음이 더 가볍고 즐겁다.

이 많은 가족들과 경기장에 다 갈 수는 없는 일, 2일간은 아이들이 좋아하는 곳에서 놀았다. 아이들 게임방에서 즐기기. 케이블카로 눈 덮인 산 오르기, 경포대 둘레길 걷기, 모래사장에 만들어둔 대형 조각품 감상, 경포대 횟집 등.

셋째 날 형편과 기호에 따라 크로스컨트리 스키 경기를 보기로 했는데 6학년 손주와 딸과 나 셋만 관람하기로 했다. 강릉 기온이 섭씨 2~3도, 눈이 녹을 수 있기 때문에 오전 10시 경기 시작이다. 일찍 평창숙소를 떠나야 했다. 현장까지 찾아가는데 길 찾기에 문제가 많았다. 강릉 공동 주차장에 차를 세우고 거기서 출발하는 버스로 경기장에 도착했으나 아주 먼 거리에 내려준다. 한참 먼 거리이지만 그래도 기쁜 마음으로 열심히 걸었다

올라가는 도중에 응원용 태극기와 한반도기를 받았다. 북쪽에서 온 선수를 응원하기로 했다. 단체로 온 두 응원 그룹이 있는데 남북을 따로 응원하고 있었다. 장애인 크로스컨트리 스키는 썰매 같은 스키에 앉아서 팔의 힘으로 언덕이나 난코스를 달려야 하는 경기다. 힘이 많이 드는 운동이다.

관람 장소가 야외이니 떠나기 전 따뜻한 옷을 준비했다. 그러나 시간이 경과할수록 추위를 느끼게 되어 경기는 볼 수는 없지만 몸을 녹일 수 있는 시설로 옮겨갔다. 그러나 손주 녀석은 두껍지 않은 패딩 잠바 하나로 2시간을 잘도 버티고 있다. 현재 사는 곳이 추운 지

방이라 이 정도 추위는 문제가 되지 않는단다. 물론 중간에 따뜻한 떡볶기와 어묵은 먹었지만.

경기선수들이 차례로 들어온다. 혼신의 힘을 쏟아 부었기에 결승선을 넘어오면 쓰러진다. 그래도 다시 일어나 함께 기뻐하는 모습이 가슴을 찡하게 한다. 그런데 북쪽 선수가 들어오지 않는다. 도중에 포기했나? 기다리다 사상식을 했다. 우리 선수는 동메달을 차지했다. 장하다고 힘차게 기를 흔들었다. 그 후 고함소리와 박수치는 소리가 들린다. 북한 선수가 이제 들어오는 것이다.

늦어도 너무 늦었다. 이건 선수로서는 있을 수 없는 차이다.

준비된 선수가 아니라는 것을 즉각 알게 해준다. 갑자기 뽑아서 보내진 선수이니 도중에 포기도 못하고 아주 늦게 들어온 것이다. 씁쓸한 마음이지만 잊어버리기로 했다.

경가가 마무리되고 상경하는 중 이러한 경기에 관람해봄으로 야외에서 시행되는 경기장의 매력을 많이 느끼게 되었다. 요즘은 스포츠에 중독되는 사람들이 많다고 한다. 게임이나 다른 것에 빠져드는 것보다 경기에 정성을 담는 것은 그래도 다행이라 사료된다.

살아오면서 경기장에는 왜 가는 것인지 이해를 못했는데 하얀 눈으로 덮인 강릉과 평창을 보면서 스포츠 관람의 매력도 조금 맛본 것 같다. 앞으로 이러한 기회가 다시 올 수 있기를 기대하면서 새 소망 하나 더 갖기로 했다. 또한 장애인에 대한 나의 소극적이고 잘못된 생각들을 바로 잡기로 했다. 나와 동등한 사람들이라고.

은빛나라 스키여행

  푸른 꿈을 안은 20대 중반(1967년) 더 넓은 세상을 보고 싶어 북유럽 오슬로에서 2년을 살았다. 50년 전 일이지만 나를 즐겁게 만든 추억이 몇 가지 있어 그 속으로 가끔 들어가곤 한다. 3월에 그곳에 도착했다. 긴 비행이라 피곤했지만 공항에서부터 많이 보이는 것이 눈이었다. 우리나라에서는 거의 눈을 볼 수 없는데 북쪽나라에 왔음을 실감하였다.

  그해 겨울 유학생들에게 특별히 열어주는 스키 세미나에 참석하라는 통지를 받고 고민을 했다. 당시 우리나라는 그림으로만 보던 스키였다. 그러나 요즘 겨울에는 스키 타려가는 것이 그렇게 어렵지 않아 많은 사람들이 즐기는 운동종목이 되었다.
  세미나는 세계 각국에서 온 유학생에게 문화와 스키를 가르치고 즐기도록 도와주는 행사다. 경치가 아름답고 시설이 잘 되어 있는 오슬로 근처 스키장에서 5일간 스키 타는 법을 완전히 습득해서 스키여행까지 하도록 하는 것이 목표였다.
  첫째 날 수업은 스키를 신고 일어나 걷는 연습인데 쉽지 않았다.

계속 미끄러져 넘어지는 연습으로 착각할 정도였다. 태국에서 온 여학생 2명이 함께 배우게 되었는데 그들은 눈의 세계를 처음 경험하므로 더 많이 넘어졌다.

난 운동을 좋아하므로 넘어지면서도 가까스로 스키 타는 묘미를 조금씩 터득하게 되어 재미를 맛보기 시작했다. 둘째 날부터 다른 사람들과 함께 내 의지대로 돌아다닐 수 있었다. 그러나 태국 친구 둘을 3일간 연습해서 겨우 타게 된 것이다.

스키 타는 방법이 어느 정도 익숙해지니 눈꽃송이로 가득 찬 나무숲 은빛세계로 스키여행을 떠났다. 햇빛이 내려쬐니 반짝이는 은빛은 눈을 더 황홀하게 만들어주었다. 5~6명이 한 조가 되어 더 높은 산으로 올라가니 기온이 매우 낮아서 혼자 가다가 잠깐이라도 따뜻한 장소에서 쉬게 되면 졸리고 그러다가 잠이 들면 죽음이 가깝게 다가온다고 주의를 많이 주었다. 혼자 뒤처지지 않도록 열심히 따라 다녔다.

산꼭대기 지점에서 함께 만나서 잠깐 대화를 서로 나누고 다시 돌아와야 하는데 그 시간 웃음을 참을 수 없는 일이 생겼다. 콧수염 기른 사람을 나는 별로 좋아하지 않는데 콧수염 있는 학생이 말을 하려고 하는데 콧수염에 고드름이 매달려 있어서 그걸 때내느라 진땀을 흘리는 모습은 도저히 웃을 참을 수 없었다. 본인은 쩔쩔매는데 옆에서 소리 내어 웃는다는 것이 조금은 미안했기 때문이었다.

재미있게 잘 쫓아다녔는데 마지막 날 급경사 지점을 내려오다가 넘어졌다. 팔 다리를 다치지 않아서 다행이라 생각하고 모든 일정을 끝냈다.

그런데 기숙사로 돌아오니 그때부터 숨을 쉬면 옆구리가 결리면서 통증이 왔다. 놀라서 도움을 주는 지인 의사에게 갔더니 증상을 듣고 갈비에 약간 금이 갈 수 있어서 그러니 참고 기다리는 것이 치료방법이란다. 더 크게 다치지 않은 것을 감사하면서 참기로 했다. 몇 주가 지나고 나니 어느 사이에 통증이 사라졌다. 앞으로 더 조심하리라는 다짐을 하면서 2년의 그곳 생활을 끝내고 귀국했다.

서울에서 아이들 키우며 살아가는 동안에는 스키를 타본다는 것이 쉽지 않았다.

그래도 그 추억을 잊지 못했고 30년이 지난 어느 해 겨울 온 가족이 여행을 갔는데 서울에서 제일 가까운 스키장이 있는 베어스 타운으로 갔다.

그 즈음에 우리나라도 스키를 즐기는 사람들이 많아지기 시작한 것이다. 다시 그 아름다운 은빛세계가 마음속에서 펼쳐졌다. 내 몸의 구조는 그때와는 판이하게 다르지만 현실에서 스키를 탈 수 있다는 것이 너무나 반가워서 다시 시도해보고 싶은 욕구가 솟아올랐다. 아이들과 남편의 만류에도….

장비는 빌리고 복장은 입고 간 그대로 하고 리프트에 올라서 꼭대기까지 가서 막상 내려오려니 두렵기도 했다. 이미 저질러진 상황이라 용기를 내어 내려왔다.

스키장이 매우 단단하고 반질반질해서 얼음판을 내려오는 감각이었다. 그래도 넘어지지 않고 끝까지 내려왔다. 스키장에 부드러운 눈은 볼 수 없고 매끌매끌한 얼음판이 깔려 있었다. 그래도 넘어지지 않고 잘 내려왔는데 남들보다 자세가 좋지 않다고 핀잔을 주었다. 그래도 난 기쁨이 가득하다. 30년 만에 행복했던 은빛나라 여행을 조금이나마 가족과 함께 맛볼 수 있었기 때문에.

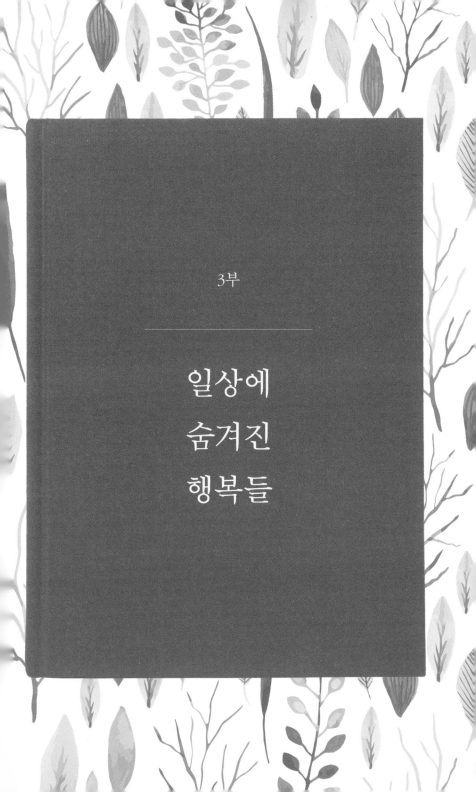

3부

일상에
숨겨진
행복들

봄에 먹고 싶은 음식

목련이 피었다고 기뻐하는 사이 벚꽃이 찾아왔다. 많은 사람들에게 새 힘을 북돋워주는 꽃날들이다. 지금은 그 화려하던 꽃들은 지나가고 산과 들에 추운 겨울 땅기운을 모아 저장한 새싹들이 앞다투어 고개를 내밀어 어디를 가나 병풍을 두른 듯 연록의 세상이다. 마음껏 자연의 신비를 맛보아 누리는 계절이다.

이때가 되면 먹고 싶거나 먹어봐야 하는 제철 음식이 있다. 바쁘게 살던 시절에는 잘 못 느끼며 지나친 것이나 은퇴 후부터 봄철과 음식 특히 나물 종류를 마음껏 챙겨 먹으려고 애쓰고 있다. 나물에 관하여는 해박한 지식을 가진 이웃사촌의 친절 때문이다. 그는 강원도 홍천에서 자라면서 부모로부터 조리법과 입맛을 물려받아 지금까지 자녀들 잘 키우며 이웃과 가족들에게 나물을 맛있게 먹여주고 있어 우리는 그를 나물박사라 칭한다.

추운 겨울이 지나간 3월이면 아직 날씨는 차가워도 뿌리를 먹는 씀바귀나물류부터 다양한 종류 준비법을 알려주었다. 그래서 지난 4월 둘째 주간 지평에 있는 지인의 아로니아 농장으로 2명 친구들과

바쁘게 살던 시절에는 잘 못 느끼며
지나친 것이나 은퇴 후부터
봄철과 음식 특히 나물 종류를 마음껏
챙겨 먹으려고 애쓰고 있다.
아름다운 이 봄을 떠나보내도 아쉽지 않게.

나물 캐러 갔다. 그 농장은 한약 찌꺼기 퇴비로 가꾸는 유기농원이다. 때문에 아로니아도 잘 되지만 비옥해진 밭에는 씀바귀나물류와 냉이가 많았다. 뿌리가 깊이 박힌 것도 쉽게 캘 수 있어서 제법 많은 나물을 들고 집으로 왔다. 먹을 수 있게 다듬는 일이 조금은 힘들다. 가족들을 위한 봉사정신이 필요하다.

쌉쌀한 그 맛은 먹어본 자만이 느끼는 만족감이다. 특히 겨우내 차가운 땅 속에서 모아둔 영양이 보약이라고 했는데 그 맛을 느낄 수 있다. 냉이도 향이 짙고 뿌리도 연하여 맛있게 먹었다.

요즘 시장에 가면 여러 종류의 산나물이 나온다. 취나물, 머위, 미나리, 혼잎 등. 그 나물들은 대량 밭에서 재배해서 나오는 것이 대다수다. 그런데 5월 초순이 되면 산에서 직접 뜯은 산나물이 나온다고 한다. 그때를 맞추어 구입하면 맛있는 산나물을 오래 먹을 수 있다는 정보도 얻었다. 그 시점에 같이 가자고 부탁을 했다. 가능할지 모르지만.

그가 시장 보는 날 청량리 경동시장을 쫓아가 보았다. 취나물 한 박스를 샀다. 다듬고 준비해야 하는 수고가 따라야 하지만 향이 있고 연하여 잘 삶아 된장으로 무쳤다. 깨소금 들기름을 넉넉히 넣고. 나물박사의 손맛을 내고 싶어서. 맛있게 온 가족의 식탁을 빛내 주었다.

봄날이 다 가기 전에 또 먹어야 하는 음식이 있는데 그건 도다리 쑥국이다. 친구의 도움으로 어떻게 하는지 대강 설명을 듣고 또 인

102

터넷을 이용하기로 했다. 도다리는 횟감으로 인기가 많다. 맛이 좋기 때문이다. 우선 그것을 구입하는 곳을 찾아 구리시 생선도매시장에 갔고 적당한 크기를 사서 온 가족과 함께 먹는 기쁨을 누렸다. 왜 그것을 봄철에 먹어야 하는지를 조금 알게 되었다.

쑥은 여러 가지로 도움을 주는 봄나물이다. 새봄에 먹어보고 싶은 것 중 하나로 쑥개떡이 있다. 요즘은 떡 방앗간에 가지 않고 집에서도 만드는 법이 다양하게 소개된다. 집에 맷돌을 대신하는 성능 좋은 믹서기가 있기 때문이다.

생쑥을 썰어서 잘 갈아놓고 쌀가루도 쉽게 만들 수 있으니 적당량을 반죽해서 비닐주머니에 넣어두면 반죽이 잘되고 적당하게 떡 모양을 만들어 쪄서 다시 두꺼운 비닐주머니에 넣고 쫀득하게 될 때까지 많이 주물러서 예쁜 떡 모양을 만들면 된다. 참기름은 마지막에 발라준다. 어제 저녁에도 오늘 아침에도 그것으로 요기를 때웠다. 포만감만큼 마음도 부자가 된 기분이다.

그냥 지나가서는 안 되는 또 다른 음식은 부추전과 미나리 무침이다. 비닐 밭에서 자란 것 말고 새봄 시골 밭에서 자라난 부추는 잎도 부드럽고 겨울을 지나면서 간직한 땅 기운이 건강에 도움이 된다는 것 때문에 이를 아는 자들은 많이 이용한다. 그래서 가격도 더 비싸다. 조금 넉넉히 준비해서 전과 김치를 담갔다.

부추전은 밀가루가 적고 부추가 많아야 더 맛있다. 요즘은 메밀로 부친다. 통메밀을 물에 불려서 믹서기에 갈면 아주 쉽다. 청도 미나리는 생것으로 먹어도 좋고 전으로 만들어 먹으면 새 맛을 느끼게 한다. 은퇴 후의 삶에서만 맛볼 수 있는 즐거움이다. 4월이 다 가기 전에 더 맛봐야 하는 다른 음식이 있는지 찾아보고 싶다. 아름다운 이 봄을 떠나보내도 아쉽지 않게.

장미원 한식 뷔페

6월은 장미의 계절이다. 그래서 시내 빌딩숲을 조금만 벗어나면 예쁜 장미를 쉽게 볼 수 있다. 생활에 너무 매달리지 않아도 되는 은퇴 후의 삶은 장미를 알아보는 마음을 얻게 된 것이다. 매년 이때가 되면 장미를 만나려고 대공원을 방문하는 것이 연례행사가 되어왔다. 그래서 6월 4일 7명의 동창 친구들이 서울대공원 장미원을 찾았다.

맑게 갠 화창한 날씨 약간은 덥게 느껴지는 온도이나 장미원에는 많은 사람들이 찾아와서 최고 수준에 닿아 있는 각양각색의 장미들을 만끽하고 있다. 우리도 한 무리가 되어 즐거움을 마음껏 누렸고 특히 소풍 나들이 온 고사리 손 유치원생들이 많았다.

장미를 둘러본 우리는 파란 호수 물이 보이는 나무그늘 의자에 둘러앉았다. 앉자마자 누가 말하지 않아도 들고 온 점심식사 보따리를 풀기 시작했다.

몇 년 전만 해도 여기까지 오려면 공원 입구에서 코끼리 열차를 타고 와야 했다. 얼마 멀지 않는 거리라도 걷기를 싫어하는 친구가 있어서 그래야만 했는데 이번에는 모두가 다 걷기로 했다. 아무도 그 열차 타자는 말을 않는다. 그간의 건강에 대한 관심이 많이 바뀌게 된 것이다. 걸어 다니는 것이 보약이라는 것을 각자가 체험하기 때문이다.

식사도 각자가 자기 몫을 들고 왔다. 나무의자 위에 다 차려놓으니 일류 한식 뷔페다. 각자 자기가 부담되지 않는 것을 가져오기로 한 것이다. 상추쌈, 부추전, 꽈리고추무침, 굴비, 김밥, 쑥떡, 물김치 등.

종전에 공원 오려면 미리 근처 음식점에서 식사를 하고 왔다. 아무도 공원에 와서 함께 식사하는 것을 반가워하지 않았다. 한마디로 귀찮게 왜 음식을 가지고 오느냐고 핀잔을 줬다. 자기가 만든 집 밥을 친구들과 함께 먹는 것을 부담스러워하는 이가 많았다. 집에서 음식 만드는 것을 싫어하기 때문이다. 집 밥 먹기는 원하지만 외식을 하는 수밖에 없었다.

그러나 몇 번의 공원에 오는 횟수가 지난 후 그들에게 제안을 했다. 각자 부담되지 않는 선에서 자기 먹을 음식을 가져오자고. 김밥 떡 등. 쉽게 구할 수 있는 것이 우선순위다.

그간 살아오면서 가끔 친척들과 대공원에 오곤 했다. 거기에는 반드시 각자 음식은 가지고 와야 했다. 첨은 부담이었으나 함께 식사를 하면 일류한식이 되니 너무 즐거운 식사 시간이었고 많이 즐겼다. 지금 그 구성원들은 건강 이상으로 공원까지는 못 오고 시내서만 만난다. 그런 경험이 있기에 은근히 친구들도 그런 기쁨을 누리기를 바랐으나 모두들 반대해서 참고 따르기로 하고 시간이 지나기만 기다렸다.

집 살림을 제일 알뜰하게 잘하는 친구가 부담스러워 한다. 된장 고추장은 제일 잘 만든다고 자랑하면서…. 그럼 그 된장 고추장만 조금 가져올 수 있느냐고 부탁했다. 대신 밥과 상추는 내가 준비한다고 하고. 막상 준비한 맛있는 쌈장을 들고 와서 모두들 상추쌈을 잘 먹었다. 그렇게 시작한 것이 오늘 모임에는 더 많이 발전하여 부추전도 부쳐왔다.

함께 음식을 나누어 먹는 것은 얼마나 감동적인 일인지 지난 시간을 되돌아보면 우리 스스로가 많이 바뀌었음을 서로 칭찬할 수밖에 없다. 걷는 것부터 어색해하던 그들이 거듭해서 대공원을 찾아오면서 각자 나름대로 걸어야 한다는 건강 수칙과 식당 밥보다 집 밥 먹는 재미를 느끼게 된 것이 얼마나 다행한 일인가.

식후에 마셔야 하는 커피도 완벽하게 준비했다. 볶은 커피 열매를 쉽게 갈 수 있는 기계도 가지고 왔다. 정말 즉석에서 갈아 내린 양질의 커피를 마시는 기쁨도 있었다.

돌아오는 길은 공원 전체를 내려다볼 수 있는 리프트를 타기로 했다. 가격도 경로우대라서 절약해준다. 둘씩 짝을 지어 몇 분이지만 공중을 나르며 현실보다 훨씬 더 신나는 세상을 바라보는 시간을 속삭이게 되었다. 헤어지기 전 다음 만남의 장소를 강원도 라벤더 축제장으로 하고 아쉬운 발길을 옮겼다.

호남 맛 기행

올해도 4월은 어김없이 찾아왔다. 목련꽃 봉오리가 앙상한 가지에서 그 우아함을 드러낼 때면 내 안의 생명도 새 힘을 받고 싶어 한다. 그래서 훌훌 털고 산야를 찾고 싶다. 연초록으로 뒤덮여가는 산천은 새 생명의 용솟음을 들을 수 있어 멀리서 보기만 해도 행복해진다.

"목련꽃 그늘 아래서 베르테르의 편지…" 함께 배웠던 여고 동창 4명이 호남 맛 기행을 나섰다. 아직도 쌀쌀한 기온이라 이른 아침 집을 나오는 것이 쉬운 일이 아니나 그런 여행을 한 번도 경험하지 못한 나는 가벼운 발걸음이다. 전철 서울역 5번 출구, 나가보니 대우빌딩 앞이다. 그 시간 많은 여행객들이 모여 든다. 사계절 내내 어떤 일이 이곳에서 일어나고 있는지 알게 되었다. 동백여행사 관광버스에 30명만 탔다. 신청한 손님이 조금 더 많아 한 대를 추가해서 복잡하지 않고 안락한 분위기라 기분이 좋았다.

3시간여 달려 전남 영암 첫 중식당에 도착했다. 맛 기행이니 당연히 식사에 관심이 모아진다. 짜여진 일정표에는 육낙(육회와 낙지) 비빔밥이다. 어떤 맛일까? 처음 먹는 음식이다. 낙지를 잘게 다져서

음식문화의 차가 커서 영남지역에서
자라난 사람에게는 호남음식을 맛보는
기회가 거의 없이 살아왔다.
함께 배웠던 여고 동창 4명이 호남 맛 기행을 나섰다.
계절에 맞게 활짝 핀 산벚꽃들과 어우러진 경치와
맛깔나는 음식은 모든 근심 걱정을 몰아내주었다.

그 위에 육회를 올렸다. 색상도 예쁘고 먹음직하다. 날것을 싫어하는 분도 있으나 곁들인 다양한 반찬이 있어 그대로 먹기로 했다. 싱싱한 낙지의 오들거림을 느낄 수 있어 처음 먹어본 메뉴이지만 만족했다. 즉석에서 살짝 볶아도 준다.

음식문화의 차가 커서 영남지역에서 자라난 사람에게는 호남음식을 맛보는 기회가 거의 없이 살아왔다. 이번 기회에 다양한 음식을 즐기고 싶다. 특히 다정한 친구들과 함께하는 식사이니 맛이 더할 수밖에 없다. 저녁은 나주 특별한 식사다. 맛있는 배로 유명한 곳을 처음 방문했다. 역시 언덕 위 밭에는 이화가 만발해서 눈으로 덮인 산야이다. 시가지를 둘러보니 신구 나주로 나누어진 것을 볼 수 있었는데 신 나주시가 구 시가지에서 너무 많이 떨어져 있어서 이렇게 넓은 신구 두 시가 발전하려면 인구가 아주 많아야 할 텐데 하며 외지에서 온 자가 걱정이 되었다.

석식은 그 유명한 삼합 홍어와 전복, 재배한 작은 산삼 뿌리 등 평소 잘 먹을 수 없는 음식들이 가득 차려졌다. 보기만 해도 배가 불러온다. 김장 김치 맛도 차이가 있다. 두 번째 식탁도 만족했다. 숙소는 새로 지은 모텔로 큰 침대 2개가 놓여있는 4인용 넓은 방이다. 깨끗하고 쾌적했다. 조식은 나주곰탕이란다. 서울에서도 나주곰탕집을 종종 들리므로 본향의 맛이 어떠할지 궁금한 마음으로 아침 일찍 일어나 따라갔다.

구 나주시까지 버스로 이동해서 이른 아침시간에 찾아간 집이다. 조그마한 뚝배기에 밥을 넣고 그 위에 맑은 소고깃국을 부어준다. 뽀

얀 국물이 아닌 맑은 고기국물이다. 서울의 것이 변질된 것이구나. 뚝배기 하나에 밥과 국을 부어주니 익숙하지 않은 손님은 질문도 한다. 대파 썬 것을 듬뿍 넣어 먹으니 제 맛이 난다.

관광코스로는 호흡하면 힘이 솟는다는 나주 메타세콰이어 길. 월출산 트레킹 코스. 광주 호생태공원길. 무등산 원효사 등이 있다. 특히 원효사 대웅전 앞 쉼터 마루에서 바라보는 산세 풍경은 말로 표현하기 어려운 아름다움이다. 계절에 맞게 활짝 핀 산벚꽃들과 어우러진 경치는 바라보는 이들의 모든 근심 걱정을 몰아내주었다. 힐링 여행을 체험하는 순간들이었다.

말로만 들어오던 무등산 등산길을 마음껏 걷고 보니 맛 기행의 진미를 더 많이 느끼게 되었다. 또한 4명이 한 조를 만들어 여행하는 것이 가장 편리하다는 것도 알게 되었다. 또한 버스 안의 분위기도 많이 떠들거나 듣고 싶지 않은 노래가 흘러나올까 염려되었으나 한낱 기우임을 알 수 있었다. 앞으로 먹거리가 더 풍성하고 트레킹 코스가 아름다운 곳으로 여행을 가야겠다는 생각을 굳히며 상행버스를 탔다.

회기동 골목식당

지난겨울 S방송사 프로그램 중 〈백종원의 골목식당〉을 시청한 적
이 있었다. 동네피자집에 아직 문도 열지 않았는데 손님들이 줄을
길게 서 있었다. 그 집 피자가 먹음직스러워 보였고 먹어본 사람들
의 평도 아주 좋아서 가까운 동네라면 찾고 싶은 충동이 일어났다.
그러나 잘 알지 못한 동네라 그 마음을 내려놓았다.

그런데 이번에는 경희대 앞 회기동에서 그러한 식당들이 문을 연
다니 당연히 반가운 마음이며 이번에는 꼭 그 음식들을 먹어보리
라고 생각했다. 그 골목식당은 집에서 가까운 거리임을 방송 후 알
게 되었다. 기존에 있던 4곳 식당 즉 피자, 닭도리탕, 갈비탕, 컵밥
이었다.

방송 후 그 식당들 앞에는 항상 줄을 길게 서서 기다려야 들어
갈 수 있어 한 달이 지난 지금까지 먹어본 음식은 컵밥과 갈비탕이
다. 제일 먼저 맛보기 원한 피자집은 항상 젊은이들로 가득차서 도
저히 기회를 얻을 수 없었다. 갈비탕도 몇 사람을 앞에 두고 대기했
다가 들어가게 되었으며 내 뒤로 서너 사람을 남겨두고는 오늘 준

방송에서 유명한 식당을 찾는 기쁨이
노년에 추가되었다.
모교 경희대 앞 회기동이 나오자 반가운 마음에
골목식당을 찾으러 다녔다.
나이들어도 먹는 즐거움과 맛집을 찾는 열정은
다시 젊어지는 느낌과 함께 노년의 활력이 된다.

비된 음식이 소진되었다는 팻말을 세웠다. 조금만 늦었어도 또 기회를 놓칠 뻔했다.

갈비탕 식당 앞에서 기다리는 중 식당 안을 살펴보니 부엌에서는 갈비 양을 일일이 저울로 달아서 그릇에 담고 있었다. 정량을 주는 방법이다. 안심하고 먹을 수 있다는 신뢰감이 들었다. 갈비탕 한 뚝배기가 나왔다. 깍두기와 함께. 숟갈로 맛을 보는 순간 오늘 이 식당으로 비록 조금은 기다렸지만 잘 왔다는 안도감이 들었다. 지금까지 맛있게 먹어온 바로 그 맛이며 가격은 삼사천 원 더 저렴하고 갈비 양, 맛 등은 더 비싼 가격의 탕보다 못한 것이 없었다. 깍두기 무와 국물 맛도 일품이었다.

음식을 먹는 동안 주위를 살펴보니 젊은이, 가족 단위, 나이 드신 분 등, 다양한 손님들이 모여 있다. 이 정도 양질의 갈비탕이면 가족들과도 함께 먹고 싶어졌다. 그래서 포장을 주문하는 분들이 많다. 오늘 집으로 바로 간다면 나도 배달용을 가지고 가고 싶으나 다음 기회로 미루고 밖으로 나오니 바로 옆에 커피점이 있다. 젊은이들이 많아서 들러보니 아주 저렴한 가격에 아메리카노 한 잔을 마실 수 있다. 반드시 카드결제로만….

참 편리한 곳이다. 선정된 그 식당들만 잘되는 것이 아니고 주위 다른 식당에도 손님이 많다. 그래서 골목상권이 상승하는 것이다. 방송 이전에도 그 골목은 대학으로 가는 길목이라 사람들이 많이 다니는 길이기는 하지만 방송 이후는 더 많은 분들이 모여든다. 특히 피자집은 길게 줄을 서 있어 언제 맛볼 수 있을지는 알 수 없으나 번창한 식당이 많아진 것은 다행으로 여기고 자주 들러보리라 생각한다.

피자식당 맞은편에는 붕어빵집이 있다. 길가 아주 좁은 곳이라 별로 관심을 주지 못한 곳이었는데 방송 중 백종원 씨가 붕어빵을 사면서 더 맛있게 만드는 비법을 알려주었다. 그 후로 거기도 길게 줄을 선다. 팥 앙꼬에 치즈를 첨가한 것이 다른 것과 차이다. 워낙 팥을 좋아하는 나에게는 종전의 것이 더 맛있었다.

　변화되어가는 식당 주변을 보면서 방송의 효과를 확인하는 기회가 되었으며 또한 더 맛있는 음식으로 골목식당 상권을 바꿔갈 수 있음을 확인하게 되었다.

도봉산 둘레길

복된 삶은 어떤 것일까? 동료, 친구들을 살펴보면서 나를 돌아본다. 젊었을 때는 여러 가지 조건들이 많았으나 이 나이에 이르고 보니 건강하게 걸어 다니는 사람이 제일 행복함을 깨닫게 되었다. 세월의 흐름 속에 30대 초반에 만나 한 생애를 함께한 직장동료들도 이미 다른 세계로 떠나버렸거나, 살아 있어도 무의미한 삶이 된 분, 겨우 모임에만 참여하는 분, 등 생의 마지막 단계를 힘들게 지나가는 중이다. 그래서 주위에서 들려오는 소식들은 기쁨보다 아픔이 더 많은 현실이 되었다.

도봉산은 서울 중심 북쪽에 위치한 위엄 있고 당당한 산이다. 북한산 국립공원의 일부로 주봉인 자운봉, 오봉, 만장봉 등이 솟아 있다. 사계절 내내 많은 시민들에게 안식과 생명을 공급해준다.

전철로 20분 거리에 살고 있어서 가끔 찾는다. 올라갈 때는 땀나고 힘들어 포기하고픈 때도 있었으나 얕은 봉우리의 정상에 서면 그 모든 어려운 생각들은 한순간 사라지고 무엇과도 비교할 수 없는 성취감과 기쁨이 몰려온다. 몸과 마음 영혼에 큰 힘을 안겨준다. 그러나 지금은 모든 것이 바뀐 상태라 둘레길을 따라 가끔 걷는 것으로 만족해하고 있다.

대체 공휴일인 지난 5월 7일 정오시간에 도봉산 전철역에 내렸다. 마침 어제께 비가 내려줬고 맑게 갠 화창한 날씨 햇빛은 싱그럽게 흔들리는 나뭇잎을 마음껏 축복하였다. 사람들도 많지 않고 계절의 여왕 5월의 초목들이 그들의 아름다운 자태를 들어내고 있어 큰 기쁨을 맛보게 되었다.

50대 중반 어렵게 북한산 성벽까지 간신히 올라간 적이 있었다. 그때 할머니 한 분을 만났는데 어떻게 여기까지 올라올 수 있느냐고 놀라서 나이를 물어 보니 70이라 했다. 우리도 그렇게 할 수 있을까 하는 마음을 가져 보았다. 그 할머니보다 10년이 더 지난 나 자신을 보면서 지난 20여 년간 평균수명 연장 해택을 마음껏 누리고 있음을 실감한다.

또래 친구들을 중에는 무릎관절이 나빠져서 둘레길 걷는 것도 어려운 사람이 많다. 대다수 퇴행성 관절염 진단을 받는다. 살아온 세월 때문에. 나 역시 그 진단을 받고 매우 조심스럽게 살고 있는데 걷기 운동을 중단할 수는 없었다. 많이 사용해야 하는 무릎관절을 잘 보관하면서 사는 방법은 그 주위 근력을 키워야 한다고 했다. 그 방법으로는 계단 오르기, 의자 없이 앉는 자세 등.

어느 날 양손에 등산용 지팡이를 짚고 혼자 열심히 그 산을 오르고 있는데 한 중년 아저씨가 말을 걸어왔다. 산을 올라갈 때는 가능한 한 지팡이를 짚지 말고 올라야 무릎근육들이 키워진다고 했다. 그의 배낭 속에 지팡이 두 개가 얌전히 꽂혀 있었다. 대신 내려올 때 지팡이를 사용하라고 일러준다. 내가 알고 있던 상식이 잘못됨을 알게 되었고 그 후로는 오름길에는 지팡이를 사용하지 않게 되었다.

또한 지하철역에서도 엘리베이터를 타지 않고 계단을 올라가기로 마음 먹고 실천했다. 처음엔 조금 힘들었으나 점차 적응하게 되었고 무릎관절 통증이 많이 사라졌다. 전철역에서 엘리베이터 타는 곳만 찾아다니던 때도 있었으나 지금은 올라갈 때는 꼭 계단으로 가고 있다. 퇴행성 무릎관절염이 많이 치유된 것이니 얼마나 감사한지….

그날 산행에는 또 다른 사건이 있다. 내가 쉽게 갈 수 있는 은석암은 한 시간 정도 올라가는데 바위가 많은 지점에 왔을 때 할머니 한 분이 커다란 고양이 두 마리에게 먹이를 주고 있었다. 이렇게 높은 산봉우리까지 고양이들이 살고 있는지 궁금했다. 멈춰 쉬면서 이야기를 들었다. 고양이를 좋아해서 몇 번 고기류 음식을 주었는데 자주는 못 오지만 도봉산 입구에 들어서면 고양이들이 나타나서 따라온단다.

이 고양이 할머니 때부터 먹이를 줘왔다고 했다. 고기 종류는 참치 캔, 수입산 소시지다. 맛있게 먹는 고양이들이 행복해 보이지만 구태여 여기까지 와서 야생 고양이에게 먹이를 줘야 하는지? 그들로 인한 피해도 있다는 소식을 들었는데 반려동물에 대한 자기만족 보상이 아닐까?

은석암 아래는 큰 바위들이 있다. 바로 내려오지 않고 넓은 바위

에서 잠깐 쉬고 있는데 바싹바싹하는 이상한 소리가 들려 그곳을 살
피니 산돼지 새끼들이다. 놀라 일어나 지팡이를 찾아 쥐고 있는데
열심히 먹을 것을 찾아 먹는다. 이렇게 가깝게 산돼지 여러 마리를
보다니 겁도 났지만 신기하기도 했다. 마침 주위에 사람들이 있어
서 다행이다.

　내려오는 길은 지팡이를 짚고 조심조심 천천히 내려와야 한다.
계곡 물소리 바위틈에서 쫄쫄 흘러넘치는 약수를 마시며 한껏 편안
을 느낀다.

영랑호 리조트

강원도 속초시에 영랑호가 있다. 바닷물이지만 주위에 산이 있어 계곡물도 들어오는 아름다운 경치를 가진 호수다. 1960년도 콘도라는 개념이 없던 때 유럽을 다녀온 한 뜻있는 분이 우리나라에도 여가를 즐기는 곳을 만들고 싶어 호수를 낀 숲 속에 그림 같은 서구식 집을 지어 분양했단다. 그 당시 현대건설 중역으로 있던 남편 죽마고우가 분양을 받았고 그분의 도움으로 수년간 여가를 그곳에서 자주 보낼 수 있었다.

둘레 7km 자연호수 영랑호는 『삼국유사』의 기록에 의하면 신라 화랑이었던 영랑이 동료 술랑, 안상, 남석 등과 같이 금강산에서 수련을 한 후 귀향길에 명경같이 맑은 호수에 붉게 물든 저녁노을, 웅대하게 부각된 설악산 울산바위, 웅크리고 앉은 범의 형상을 한 바위가 물속에 잠겨있는 아름다움에 매료되어 오랫동안 머물면서 풍류를 즐겼다고 하여 그 후부터 신라 화랑의 순례도장이 되었고 호수의 명칭도 영랑호로 불리우게 되었단다.

직장을 다닐 때는 교수 연수 장소로도 사용되어 아름다운 호숫가

산책길을 통해 진정한 휴식의 시간을 만끽하실 수 있어 경희간호대 교수들에게도 아름다운 추억을 많이 만들어준 곳이다.

나이가 들어가면서 그 부부와 함께 여가를 즐기는 소중한 장소가 되었다. 4월 벚꽃 필 때, 뜨거운 여름휴가철, 아름다운 설악산의 단풍이 만들어지는 10월 중순 이렇게 부지런히 찾았다. 그러나 지난해부터 팔순이 지난 남편들의 건강이 조금씩 문제가 있어 가지 못하다가 지난주 3박 4일로 가을 단풍을 잊지 못하여 약간은 무리하면서 4명이 출발했다.

항상 속초에 오면 첫째 날부터 무엇을 하며 어느 맛 집에 가는 것이 정해져 있다. 생선조림집. 막국수집. 생선회 문어 등. 돌아오는 길은 홍천에서 맛있는 점심을 먹는 일정으로 다녔다.

그러나 이번 여행은 너무 다르다. 두 분이 다 걷는 것이 자유스럽지 못하고 종전에 먹었던 음식도 마음대로 먹을 수 없는 상황이다. 특히 생선회는 허약해진 몸 상태로 인해 먹을 수도 없고 문어는 먹고 싶지 않고 이런저런 이유로 제한된 음식을 먹어야 하는 불편함이 많았다. 그래도 다행한 일은 영랑호 둘레길에 자전거식 인력거가 생겨 두 분이 타고 둘레길을 관광할 수 있었다.

다음 날은 설악산을 가는 계획이다. 그동안 신흥사와 비선대까지는 다녀왔었다. 그래도 그 산이 그리워 찾아나섰으나 관광객이 너무 많아 도중에 포기할 수밖에 없었다.

매우 아쉬웠으나 콘도로 돌아와 우리 형편에 알맞은 즐거운 시간을 만드는 방법이 없을까? 다시 의논해보았으나 하루 먼저 집으로 가는 것이 제일 좋겠다는 결론을 얻었다. 여기까지 힘들게 왔으나 함께 즐겁게 보내는 시간들을 만들기가 매우 어렵다.

팔순이 지난 남편들은 그저 집에 앉아서 맛있는 것 먹고 쉬는 것이 최고의 휴가임을 다시 깨닫게 되었다. 아마 앞으로 두 가정이 함께 이곳 아름다운 영랑호 리조트를 방문하는 일은 없을 것 같다. 시간의 흐름 속에 인간은 변하고 늙어감에 적응해야 한다는 것을 가슴 깊이 느끼며 아쉬운 마음으로 돌아왔다.

그래도 가지 않은 것보다는 잘 다녀왔다고 서로 위로했다.

쿠알라룸푸르 여행

'흙탕물의 합류' 뜻의 쿠알라룸푸르는 말레이시아 수도로 동남아 지역으로는 6시간 30분의 비행을 요하는 약간은 먼 거리에 있다. 그곳에 관하여 아는 것이 거의 없는 상태로 친구들과 함께 찾았다. 동남아 다른 국가들과 비슷하지 않을까 하는 마음으로.

도착 후 그런 생각이 잘못됨을 알게 되었다. 우선 기후가 너무 무덥지 않아 여행하기에 힘들지 않았고 햇볕은 따가웠으나 습하지 않아 그늘에는 시원함을 느낄 수 있어 좋았다. 비가 자주 와 산천초목이 무성하며 특히 팜 나무 농장은 온 들판을 뒤덮고 있었다. 1시간 이상 야외를 달려도 보이는 것은 팜 나무들뿐이다. 어린 나무를 심어 3년이 지나면 열매를 맺게 되며 그 후 20년 동안 수확을 한다고 했다. 열매는 기름도 내고 다른 식용으로도 사용되며 껍질은 화력으로 사용되니 다른 농작물을 심을 이유가 없고 필요한 상품은 모두 수입한단다.

다른 지하자원도 많다. 기름과 주석 등. GDP는 36위로 동남아 국가에서는 잘 사는 나라다. 인구는 3천만 조금 넘으며 다양한 피부

여행을 통해 지금까지 모르던 세상을 많이 보게 되었다.
전 세계를 여행하는 젊은이들을 만나게 되었고
삶의 태도가 세계를 목표로 달려가는 자들을 보게 된 것이다.
온 우주가 하나의 공동체임을 실감했다.

색을 한 민족으로 구성되었고 이슬람교가 국교다. 그 외 불교 힌두교가 주축을 이루며 종교는 자유라고 하나 포교는 금한다고 했다.

쿠알라룸푸르 19세기 중엽까지 밀림에 뒤덮여 있다가 근처의 주석광을 채굴하기 위해 이주한 화교들이 켈랑강을 따라 작은 취락을 이룬 것이 도시의 기원으로 알려졌다. 중심가에는 서울보다 더 높은 빌딩들이 많았고 특히 쌍둥이 빌딩은 이 도시의 랜드 마크로 모르는 사람이 없을 정도로 유명하다. 10월은 평균 최저기온이 23.2℃, 최고기온은 32.1℃, 한여름 기후도 우리나라 기온과 비슷하나 무덥지 않단다.

관광안내자 이야기를 들으니 마음 한구석이 짠한 느낌이 든다. 오랜 기간 많은 국가들로부터 지배를 받아왔기 때문이다. 포르투갈 네덜란드 영국 등. 특히 영국은 160여 년 지배했다고 한다. 그러다가 1942년에 독립하여 오늘에 이르고 있는데 풍부한 자원을 가진 나라이나 국민의 대다수가 부지런하지 못하고 느린 것이 약점이라고 했다.

또 하나 마음을 무겁게 하는 것은 자기 나라 문자가 없어서 알파벳을 자기들 말의 발음 나는 되로 사용하며 오랜 세월 다른 나라에 지배당함으로 인해 역사 기록이 없다고 한다. 이웃나라에 기록된 역사 속에 적혀 있는 내용을 참조하여 뿌리를 찾는다고 했다. 자기 나라 문자가 없는 선조를 둔 후손들의 아픔을 볼 수 있었다. 그래서 우리 한글을 남겨주신 선조들에게 감사한다.

외국여행을 할 때 중요하게 여기는 몇 가지 조건 중 하나가 어떤 비행기로 갈 것인가? 이번 여행은 처음부터 저가 비행기를 이용하기로 했다. AIR ASIA 여객기다.

여러 가지 불편한 점을 조금씩 알고 있었으나 그 비행기의 시조가 바로 말레이시아 AIR ASIA인 줄을 몰랐다. 처음 저가 비행기를 시작할 때는 2대였는데 지금은 100여 대 이상으로 확장되었으며 날로 번창하고 있다고 한다.

일단 땅에서 떠서 공중을 비행하는 동안은 최소의 경비를 쓰자는 것이 목적이고 호사하는 식사 대접은 없고 물도 사 먹어야 한다고 했다.

그러나 6시간 이상을 비행하니 간단한 식사를 미리 예약해서 공급받았다. 적은 도시락에 밥과 양념된 고기류 반찬 한 가지며 좌석에 앉아서 즐길 수 있는 TV나 라디오 시설이 전혀 없고 잠잘 때 필요한 작은 담요도 필요한 사람은 돈을 주고 빌린다고 했다. 물론 커피나 음료수도 각자 구입해야 하는데 가격은 저렴했다.

금번 여행을 통해 지금까지 모르던 세상을 많이 보게 되었다. 저가 비행기로 전 세계를 여행하는 젊은이들을 만나게 되었고 삶의 태도가 세계를 목표로 달려가는 자들을 보게 된 것이다. 온 우주가 하나의 공동체임을 실감했다.

관광지는 국립 이슬람 사원, 전적 기념비, 왕궁 등을 둘러보았으며 선택 관광지로 반딧불 서식지 방문이 있어 동참했는데 아주 좋은 선택이었다. 해가 지고 난 후 배를 타고 30분 정도 강줄기를 따라 깊

숙이 들어가니 반딧불이가 나타났다. 크리스마스트리에 달려 있는 수많을 전구가 깜박이듯 상상을 초월하는 현상이 눈앞에 펼쳐졌다. 두 손을 모아 잡아보기도 하고 어린 시절 몇 마리 안 되는 반딧불 벌레를 쫓아다니던 때가 생각났다. 뱃머리를 돌려 다시 원래 우리들 시간으로 되돌아왔다. 지금 이 순간에도 그 현상 속으로 들어가고 싶다. 이제는 그 나라에도 점차 오염되는 환경으로 인해 천정 지역이 줄어들어 강줄기 깊이 들어가야만 볼 수 있다고 한다.

4일간 말레시아 수도 근교를 돌아보면서 어디를 가나 무성한 야자수와 다양한 종류 나무들 특히 정화된 공기 공급을 해주는 것들이 매우 부러웠다. 쿠알라룸푸르 발음하기도 쉽지 않은 곳이지만 다양한 것을 보며 들으며 맛보며 즐거워했고 한 번쯤 여행하는 것이 매우 유익하다고 생각되어진다.

우정, 아픔을 주다

면소재지에 있는 남녀공학 중학교를 다녔다. 1학년 총 학생 120 여 명, 여학생은 23명이었다. 그때는 여자를 상급학교에 보내는 것이 쉽지 않아 수가 적었다. 나의 집은 학교에서 10리나 떨어졌으며 100호 이상 모여 살기 때문에 초등학교 학생들은 많았다. 통학거리가 멀어도 다른 교통수단이 없어 걸어 다녀야 했다. 겨울이면 개천을 따라 꽁꽁 언 얼음 위로 미끄럼을 타며 다녔고 여름 장마철엔 불어난 냇물로 단체로 학교에 가지 못한 적도 있었다. 그것이 재미있었다. 그런 단련 때문인지 생을 되돌아보게 된 노년기인 지금 걷는 것이 부담스럽지 않고 즐겁다.

중학교 입학을 하니 지금까지 사귄 친구들을 넘어서 새 얼굴들을 만나게 되었고 그래서 더 넓은 세상을 가진 것 같았다. 시간이 지나면서 특별히 마음이 가는 친구가 생겼다. 서○○으로 아버지가 면의로 있어 넉넉한 집 딸이며 언니도 본교 3학년에 다니고 있어서 더 든든해 보였다. 조용하고 말이 적고 키도 비슷하여 앞뒤 좌석에 안게 되어 쉽게 친해졌다.

면소재지에 있는 남녀공학 중학교를 다녔다.
고등학교는 각각 다르게 가게 되어 헤어졌다.
그래도 고향에갈 때마다 자주 만나서 우정을 키워갔다
이제는 누구의 할머니가 되거나 아님 벌써
세상을 떠난 친구도 제법 있다.
이젠 남은 시간을 더 자주 만나
같이 시간을 보내고 싶다.

어머니가 일찍 돌아가셨고 오빠 언니 남동생이 있으며 아버지는
재혼해서 젊은 새엄마가 온 지 얼마 되지 않은 시점이라 더 빨리 가
깝게 되었다. 노처녀가 자녀 4명이 있는 아버지와 혼인한 것이라고
했다. 그런데 문제는 우리 반 여학생 중에 새엄마의 여동생이 있었
다. 똑똑하고 예쁘며 다양한 재능이 있어서 남학생들에게 인기가 높
았다.

친구는 학교생활이 새엄마에게 그대로 알려지고 의붓딸보다 친
동생에게 더 관심이 많음을 알게 된 후로는 더 조용한 학생으로 되
어져갔다. 그래도 다른 사람들에게는 나타나게 불평하지 않고 참고
지냈다. 너무 빨리 어른이 된 것 같아 마음이 안타까울 때가 있었다.
3년 후 고등학교는 각각 다르게 가게 되어 헤어졌다. 그래도 고향에
갈 때마다 자주 만나서 우정을 키워갔다.

대학은 일류를 찾기보다는 등록금 문제를 해결할 수 있어야 하므
로 그 부담을 주지 않는 곳을 찾게 되어 나는 간호대학, 친구는 아버
지가 등록금을 줘서 대구대학에 입학했다. 그리고는 각자 생활에 적
응하느라 바쁘게 시간이 지나갔다. 2년이 지나간 즈음에 갑자기 친
구가 결혼한다며 초청이 왔다. 너무 놀라운 상황이라 화가 났다. 졸
업도 안 하고 왜 결혼을 하는지 도저히 이해를 할 수 없었으나 받아
들일 수밖에 없었다. 신랑감은 졸업한 그 고등학교 교사, 면소재지
유지의 아들이었다.

결혼한 그해 신혼집을 찾아 그 시골까지 갔다. 예쁜 한복을 입고
있는 새댁의 모습이 내 눈에는 억지로 잡혀온 여인으로 보였다. 자

기 의지로 결혼을 한 것이 아니고 주위환경이 그렇게 몰아간 것을 예측할 수 있기 때문이다. 워낙 말이 없고 자기 입장보다 남을 더 배려해야만 하는 상황 속에 자란 그는 자기주장에 항상 약한 것을 알기에 현재 그 모습에 반감이 더 많았다. 왜 그렇게 할 수밖에 없었는지 후에 알게 되어 더 가슴이 아팠다.

이유는 하나뿐인 언니가 자기도 못간 대학을 왜 동생 혼자만 가느냐고 항의가 심하며 새엄마도 자기 동생도 못 보낸 대학이라 더 이상 등록금을 줄 수 없다고 해서 배움의 꿈을 접었고 곧 바로 부모가 시키는 대로 결혼했다. 친어머니도 없는 단 하나뿐인 그 언니는 직접 동생을 데리려 대구까지 왔다고 하니 세상에 이런 언니도 있는가?

70이 지나 잊고 살아왔던 고향 중학교 동창회를 한다고 연락이 왔다. 물론 그 친구를 통하여. 둘은 자주 만나지는 못해도 서로의 안부를 전하며, 서로 아이들 결혼에도 오갔다. 그러나 동창회는 처음이다. 2011년 오늘 같이 화창한 4월의 봄날 옛 친구들을 만나기 위해 대구로 갔다. 40여 명 탄 버스가 대구역에서 기다리고 있었다. 여학생들은 9명 나머지는 남학생들이다. 할아버지 할머니가 된 친구들, 옛날 그 시절의 모습을 되살리기는 어려웠다. 그래도 몇 명은 알아볼 수 있어서 즐거움에 쌓였다.

그로부터 2년 뒤 다른 친구로부터 전화를 받았다. 하나뿐인 죽마고우가 췌장암 말기라서 얼마 살 수 없다는 안타까운 소식을 전해주었다. 생각이 멈춰지고 멍해졌다. 곧 바로 대구에 내려갔다. 통증으로 힘들어하는 친구의 모습이 안타까웠다. 함께 살아오면서 그에게는 복음이 없어서 가끔 조심스럽게 하나님에 대한 이야기를 한 적도 있어 함께 간절히 기도했다. 지난해 아들, 딸들이 미국 있어서 다녀왔는데 하나뿐인 아들이 예수님을 믿고 있어서 자기도 그 신앙을 인정한다고 했다.

3개월 후 사랑한 친구가 세상을 떠났고 안타깝고 아쉬움이 가득한 생각들로 몇 날을 보내면서 말기가 되도록 발견되지 못한 상황을 되돌아보게 되었다. 물론 췌장암은 잘 발견되지 않는 부위라 시기를 놓칠 수 있다고들 한다. 친구는 문제가 있는 어떠한 상황에서도 밖으로 말하기보다는 혼자 참고 인내하기를 잘해왔기에 더 아픈 마음을 삼켜야 했다.

힐링 새봄 나들이

2017년 4월 늦은 나이에 동기 동창회 심부름을 해야 하는 일 년 직 회장을 맡았다. 2년 후 80세 되면 정회원은 종결을 하고 개별 모임만 할 수 있게 선배들이 규칙을 잘 정해놓았다. 마무리하는 해가 가까워서 서로 그 심부름을 하지 않으려고 애쓰는 자리다. 그간 유능한 친구들이 많은 활동으로 121명 재적을 가진 든든한 모임이 되어 있다. 나는 지금까지 잘 걸어 다닐 수 있다는 이유로 택함을 받은 것이다. 그런데 매달 1,000여 명의 회원을 가진 재경경북여고 동창회 이사회에 참석해야 하는 공식일이 있었다.

지난번 이사회의를 통해 젊은 후배들의 적극적인 활동에 많은 새로운 세상을 알게 되는 계기가 되기도 했다. 3월은 강릉 가서 회의를 한다고 한다. 봄 소풍이다. 가야 할지 말아야 할지 고민을 했다. 최고령자 회원이 되어 있으니 조심스러운 마음이다. 그래도 주어진 기회이기에 용기를 내서 참석하기로 하고 카카오톡에 올렸더니 바로 아래 후배도 나와 같이 가겠단다.

오전 8시 전철 교대역 14번 출구 밖에 대기한 버스로 29명이 출발했다. 모두들 제 시간에 맞춰 오느라 헐레벌떡이다. 하루 일정이

궁금한데 일정표가 왔다. 강릉 선교장, 삼거리 동치미 막국수, 오죽
헌, 경포대 씨마크호텔 커피, 라카이 샌드파인 리조트 연회장 저녁
식사 등 그동안 강원도에 자주 왔지만 속초가 중심이었다. 강릉 선
교장 방문은 새로움을 더해준다. 효령대군(세종대왕의 형)의 11대손
인 가선대부嘉善大夫 무경茂卿 이내번李乃蕃에 의해 처음 지어져 무려 10
대에 이르도록 나날이 발전되어 증축되면서 오늘날에 이르렀다. 99
칸의 전형적인 사대부의 상류주택으로서 1965년 국가지정 중요 민
속자료 제5호로 지정되어 개인소유의 국가 문화재로서 그 명성을
이어오고 있다.

300여 년 동안 원형이 잘 보존된 아름다운 전통가옥으로 주변의
아름다운 자연미를 활달하게 포용하여 조화를 이루고 돈후한 인정
미를 지닌 후손들이 지금까지 거주하는 살아 숨 쉬는 공간이다. 그
래서 강릉 문화를 대표하며 경포호수권의 중심적인 역할을 담당하
고 있어 강릉시의 문화 관광 자원으로서 부각되었다.

선교장은 안채 주옥을 시작으로 동별당, 서별당, 연지당, 외별당,
사랑채, 중사랑, 행랑채, 사당들이 지어졌고 큰 대문을 비롯한 12대
문을 그대로 간직하고 있어서 대장원을 연상케 한다. 입구에는 인공
연못을 파고 정자를 지어 활래정活來亭이라 이름을 짓고 연못과 함께
경포호수의 경관을 바라보며 관동팔경 유람하는 조선의 선비와 풍
류들의 안식처가 되었다.

만석꾼 곳간에는 항상 곡식이 가득하여 흉년에는 창고를 열어 이
웃에게 나누어주며 베푸는 집안의 표상이 되기도 했다.

예전에는 경포호수를 가로질러 배로 다리를 만들어 건너 다녔다 하여 선교장이라고 지어진 이름이지만 그 호수는 논이 되었고 대장원의 뒤 야산에 노송의 숲과 활래정의 연꽃 그리고 멀리 보이는 백두대간 사계절 변화의 모습을 바라보는 운치는 한국 제일이라고 하겠다. 2000년을 기해 한국방송공사에서 20세기 한국 TOP 10을 선정할 때 한국 전통가옥 분야에서 한국 최고의 전통가옥으로 선정되었다.

현재도 후손들이 살고 있어 역사의 흐름 속에 생동감을 깊이 맛볼 수 있었다. 신사임당과 율곡 이이 생가 오죽헌은 많이 알려진 자랑스러운 한국 여성상을 물려준 곳이라 찬찬히 둘러보면서 선조들의 지혜와 재능을 깊이 맛보았다.

특히 씨마크호텔에서 커피 한 잔은 아름다운 운치 때문에 점심 값보다 더 많은 대가를 지불한 곳이라 모두들 들뜬 마음으로 밀려오는 파도와 맑고 푸른 하늘과 노느라 시간 가는 줄 몰랐다. 유능한 동문 후배들 삶의 한 면을 볼 수 있다. 나 역시 그 속에서 아름다움을 마음껏 즐기며 힐링을 체험했다.

늦은 밤 집에 도착했으나 가벼운 마음이다. 물론 함께 사는 짝에게는 약간 미안하지만.

청와대 칠순잔치

2010년 5월 어느 쾌청한 날 고희를 맞는 여고 동창 50명이 대통령 영부인의 초대로 청와대 영빈관에서 만찬을 함께하는 영광을 얻게 되었다. 모두들 예쁘게 우아하게 단장하고 그 자리에 모였다. 긴장하면서도 친구들이 많이 있으니 당당하기도 했다. 그때를 잊을 수 없다.

재경경북여고 동창회는 훌륭한 선배들이 많은 모임이다. 개교 90년 행사로 작년에 대구 모교를 방문하여 장학금전달 및 전체 동문들과의 만남도 이루어졌다. 압구정동 현대아파트 내에 재경동창회관이 있다. 선배들의 기지로 재력을 많이 늘려놓았다. 동시대의 경북고등학교 동창회도 있으나 우리 같은 동창회관은 없어 부러워한다. 그곳에 갈 때마다 선배들께 감사의 마음을 갖는다. 물론 공로자들 명단이 동판에 있다.

직장 다니며 아이들 키우는 시절에는 동창회 참석하지 못했으나 은퇴 후 관심을 갖게 되었다. 매년 봄에는 동기들과 행사를 하고 가을에는 총동문들과 만남의 장을 연다. 많은 회원들이 모여 장기 자랑 등 선후배간의 사랑을 나눈다.

1960년 졸업한 동기 480명 중 재경회원이 110여 명이다. 동창회로 만난 지도 25년이 넘었다. 각각 친한 친구들끼리 모임을 형성하여 한 조를 만들어서 만나고 있다. 각 조에는 간사 한 명을 두고 조를 운영하며 전체는 12조로 구성되었고 어느 조에 속하지 않은 회원도 있다. 연회비 1만 원으로 운영되며 조별로 회장직은 돌아가면서 한다.

2010년은 우리 조가 회장직을 맡아야 하는데 서로 하지 않으려 해서 장시간의 토론 끝에 ○○이 회장, 나는 총무를 맡게 되었다. 그런데 사건이 발생했다. 칠순이 되는 해이기에 청와대 만찬에 초청을 받게 된 것이다. 동기 한 명이 대통령의 가족이며 대통령도 동갑이라 칠순을 맞는 친구인 우리들을 초청해준 것이다. 모두들 기뻐하나 그 일을 담당해야 하는 실무 팀은 비상상태다.

그 일의 시작과 함께 매우 바쁘게 되었다. 방문할 50명의 선정 명단과 신원 조회로 매일 청와대에서 전화가 오니 우리 가족들이 염려를 했다. 그런데 문제는 그날 사회하는 책임까지 나에게 주어졌다. 비켜나고 싶었으나 직장생활했다는 핑계로 어쩔 수 없었다.

갑작스럽게 큰일이 다가와 가슴이 답답했다. 기도하는 수밖에…. 불안한 가운데 한 가지 사실이 떠올랐다. 대통령 당선되기 전부터 예수 믿는 장로 대통령 만들어 달라고 많이 기도한 내용이 생각나면서 그 내용으로 시작하기로 했다. 마음이 가벼워졌다. 큰 실수 없이 일정이 모두 끝났다.

영빈관을 나오면서 친구들이 칭찬하는데 그 말 그대로 믿기로 했

하루가 다르게 찾아오는 신체의 변화에 당할
장사가 없는가 보다.
들려오는 소식은 기쁨보다는 아픔이 더 많다.
그래서 친구를 뒤쫓아가는가 보다.
우정의 소중함을 더 깊이 실감하며
자신을 더 많이 돌아보고 아끼고 사랑하며 살아가고 싶다.

다. 그래야 마음이 편하니깐. 그 이후 잘 알지 못하던 친구들과 더 가까워진 느낌이었다.

세월이 지나 금년은 우리 모두 77세다. 그동안 착실하게 모은 동창회기금이 있다. 그래서 지난 4월 17일~18일 속초 등으로 여행을 다녀왔다. 73명 참석했다. 정말 재미있고 즐거운 여행이었다. 정기 모임은 80세까지 하는 것으로 내정되었다.

앞으로 3년 더 공식행사를 할 예정이다. 한편으로는 서운하지만 하루가 다르게 찾아오는 신체의 변화에 당할 장사가 없는가 보다. 들려오는 소식은 기쁨보다는 아픔이 더 많다. 그래서 친구를 뒤쫓아 가는가 보다. 우정의 소중함을 더 깊이 실감하며 자신을 더 많이 돌아보고 아끼고 사랑하며 살아가고 싶다.

이병주 소설 「변명」을 읽고

안타깝게도 우리가 살아가고 있는 살아내야 할 세상은 거짓과 왜곡이 난무하는 곳이다. 이러한 상황이 누군가의 생명을 앗아가기도 하며 평화롭던 세상을 뒤흔들어놓기도 한다. 그러한 세상에 살아남기 위해서, 아름다운 미래를 지향하기 위해서는 무엇보다 그런 거짓과 왜곡을 가려내는 혜안慧眼이 필요하다.

특히 역사 속에 감추어져 있는 왜곡된 진실을 찾아내어 이를 바로잡고 진실을 찾는 과정이 비판을 통해서 가능해지며 그런 과정으로 변명이 등장한다.

소설 「변명」은 이병주 작가의 초기작품으로서 역사 서술을 중심으로 한 창작관이 잘 발현되는 시작점의 작품이라 할 수 있다. 『역사를 위한 변명』을 쓴 마르크 블로크의 삶을 소개하는 것으로 본 작품이 시작되며, 그 안의 어른 고뇌와 소년의 호기심에 답안으로 쓰여진 것이 본 소설이다. 시종일관 주인공과 마르크 블로크의 대화를 담는다.

마르크 블로크는 20세기 역사학의 새로운 방향을 제시한 학자였으며, 나치 독일의 점령상태에 놓인 조국 프랑스의 해방을 위해 레지스탕스로 활동한 실천적인 역사학자다. 최근에는 프랑스뿐만 아니라 서구에서 새롭게 평가받고 있는데, 이는 그가 역사연구에 대한 새로운 요구로서의 비교사, 전체사를 도입했으며 아울러 '프랑스의 양심'으로서 자신의 생을 떳떳하게 살았기 때문이다.

그는 리옹에서 고대사학자 귀스타브 블로크의 아들로 태어났다. 파리 고등사범학교를 거쳐 소르본 대학에서 학위를 받은 1914년 전쟁이 일어나자 보병 상사로 복무하면서 레지옹 도뇌르 훈장과 십자 무공훈장을 받았다. 전쟁이 끝난 뒤 1920년 박사학위를 받았으며, 스트라스부르 대학에서 교편을 잡았다.

1936년에는 소르본 대학 교수로 임명되었고 1939년 제2차 세계대전이 터지자 53세의 나이에 육군대위로 참전했으며, 프랑스의 패전 뒤 리옹에서 레지스탕스 운동에 가담했다가 1944년 6월 16일에 게슈타포(나치 비밀경찰)에게 잡혀 총살당했다. 그의 나이 58세였다.

마지막 저서는 잘 알려진 미완의 책 『역사를 위한 변명』이다. 한 소년이 역사가인 아버지에게 던졌다는 "아빠, 도대체 역사는 무엇에 쓰는 것인지 제게 설명 좀 해주세요"라는 말로 시작해서 그 책을 쓰게 된 동기와 이유를 설명한다. 끊임없는 위기 속에 있는 어지러운 사회가 자기 자신을 의심하기 시작할 적마다 그들은 과거를 거울로 삼는 것이 정당한 일이었던가?

역사가 믿을 수 있는 것으로 되려면 그것이 정의의 방향, 진리의 방향으로 움직여 가야 한다. 또한 역사가 인생의 유익한 것이 되자면 그 교훈이 살아 보람 있게 작용을 해야 한다. 그런데도 현실은 불의의 경향으로 전개되지 않는가? 이것은 충격이고 그 충격이 역사에 대한 불신을 심고 회의를 싹트게 한다.

그러나 마르코 블로크는 그렇지 않다고 외치고 싶었고 그 외침이 『역사를 위한 변명』으로 나타난 것이다. 하지만 작가 이병주는 그 작품에서 역사를 불신해서는 안 된다는 안타까움은 읽을 수는 있어도 역사를 신뢰해야 한다는 그의 교훈에는 설복될 수 없었다고 했다. 그 책을 쓰고자 한 그의 심령은 이해되지만 그가 목적으로 한 변명은 무망한 것으로 느껴졌다고 했다.

마르크 블로크는 자기의 비극적 죽음을 예증으로 해서 역사를 위한 변명의 불모성을 스스로 증명한 것이고 역사는 비정의 학문으로선 가능할진 몰라도 인간이 그 변명을 써야 할 성질의 학문은 못되며 그의 죽음과 그와 유사한 죽음을 역사는 어떠한 설득력으로써 변명할 수 있겠는가라고 의문을 제시했다.

작가가 그를 존경하고 사랑하는 것은 불신하면서도 역사를 외면하지 못하고 회의하면서도 역사 속에서 답을 찾고자 하는 마음을 지워버릴 수 없는 탓이며 "역사가 우리를 기만했다고 생각해야 될 것인가?"란 질문을 그와 더불어 나누고 있는 시간이 그에겐 그지없이 소중한 시간이 되기 때문이라고 했다.

역사는 변명되어야 한다는 것이 블로크의 사관이라면 변명될 수 없다는 것이 작가의 결론이다. 프랑스가 세계에 자랑하는 위대한 역사가 마르크 블로크의 미완작 『역사를 위한 변명』 그 제목에 마음이

이병주 소설집

변명

김윤식·김종회 엮음

바이북스

이병주의 「변명」.
탁인수의 죽음과 마르크 블로크의 죽음,
그리고 이와 유사한 죽음을 한 세대에 수백만 명씩 만들어내고
지금 이 순간에도 그러한 죽음이
세계도처에 깔려 있는 것을 생각하면
역사를 위한 변명은 성립될 수 없다는 느낌에 사로잡힌다.

끌려서 읽었고 내용에 감동했고 그의 생애를 알고는 그를 사랑하고 존경하기에 이르렀다고 했다. 그러나 그의 사관에 의문을 제기하면서 본 작품 「변명」이 시작되었다.

1966년 7월 전후 20년 만에 일본의 군인, 군속으로 끌려가 전몰한 우리 동포 명단이 H신문에 발표되었다. 일본의 공식 발표에 의하면 2차 대전 중 동원된 한국인 수는 22만 명, 그 가운데 2만 2천 명가량 전사했다. 그 일부인 2,315명의 명단이 밝혀졌다. 전몰동포가 2만이 넘는다고 하는데 전쟁이 끝나고 20년 동안 그 유골이 일본 후생성 창고에 방치되었다고 하니 기 막히는 사실이다. 살아 일제의 무자비한 마수에 농락당했고 죽어서도 20년이란 긴 세월동안 창고에 먼지를 쓴 채 있어야 하다니 참으로 억울하기 짝이 없는 영혼들이다.

그와는 대조적으로 미군 특수부대가 6·25 때 전사한 그들 동포의 유골, 또는 시체를 찾기 위해 이 나라 방방곡곡을 헤매고, 찾은 유골은 정중하게 납관한 뒤 성조기를 둘러 본국으로 송환한다. 인간 존중은 사자까지 포함됨을 볼 수 있다.

주인공은 작가와 마찬가지로 실제 1944년에 학병으로 동원되었다. 이러한 점에서 「변명」은 이병주 작가의 자전적 이야기로 볼 수 있다. 연합군의 반격으로 일본군이 중국에서 후퇴하기 시작한다. 부대가 퇴각하는 혼란 속에서 그는 상관의 명령으로 비밀문서를 소각하게 되고 그 문서 속에서 탁인수의 재판 기록을 발견하게 되었다.

탁인수는 동경 W대학 경제학부를 졸업하고 1944년 1월 20일 조선 용산부대를 거쳐 파견군 제70사단 제21부대에 입주, 상주에서 초

년병 교육을 마치고 동년 7월 진강 분견대에 파견되자 일주일 후인 7월 17일 부대를 이탈 중국 충의구국군으로 이적행위를 했다. 1945년 1월 조선인을 규합하여 충구군 내에 조선인 부대를 만들 목적으로 상해에 잠입 인원포섭과 자금조달의 공작을 시작했고, 이 동태를 알게 된 조선인 장병중이 일본에 밀고하므로 2월 3일 오전 7시 장강 반점에 투숙 중인 그를 일본 헌병대가 체포해 갔다.

군법회의장에서의 탁인수의 문답내용은 조선인이 일본의 병정 노릇을 할 수 없어서 탈출했으며 일본을 조국의 원수라고 생각한다고 말했다. "너의 불충 불효, 불순한 행위가 가족에게 미칠 화를 생각해본 적이 있는가?"란 질문에 나의 불효는 장차 역사가 보상해주리라 믿는다고 대답했다. 적전부대 이탈, 분적, 이적 등의 죄목으로 사형 판결, 1945면 6월 15일 교수형이 집행되어진 것이다.

작가는 본 내용의 문서를 그 자리에서 소각하지 않고 몰래 가지고 와서 그 내용을 본다는 것은 불충이었으므로 대강의 사항을 수첩에 적어놓고 그 기록을 아주 잘게 찢어서 버렸다. 그때 곧바로 문서를 버린 것은 증거 자료를 없앤 결과가 된 것이다. "그의 불효를 역사가 보상한다는 탁인수의 최후 진술"이 성취되려면 그 문서가 존재해야 하며 작가의 역할이 필요하다는 뜻으로도 해석될 수 있었다.

해방을 맞아 자유의 몸이 된 작가는 상해거주 조선인 유지 중에 장병중이 끼어 있는 것을 보고 놀랐다. 그는 일본의 밀정이라는 정체를 숨기고 애국지사 행세를 하고 있었던 것이다. 장개석 총통의 고문으로 계셨던 이연호 장군이 상해로 왔다. 이 장군에게 탁인수의 사건을 얘기하고 장병중이 현재 상해에 있다는 사실도 알리고 작가의 도의적 책임 같은 것도 말해보았다.

이 장군은

"지금은 보복할 때가 아니고 지켜볼 때다. 보복이 시작되면 나라의 일은 뒤죽박죽이 되고 왜놈의 밀정은 장병중 한 사람만이 아니다. 이 상해에는 왜놈 밀정이 우글거린 곳이다. 물론 도의적인 책임감을 포기해선 안 된다. 나는 자네보다 수십 배나 많은 밀정을 알고 있고 수십 건 증언해야 할 사건을 가지고 있네. 그러나 상해에서만은 그런 일을 잊고 지내도록 하자."

"그런데 보복이나 복수라는 건 사람의 힘으론 비겁한 노릇이다."

"복수는 내게 있다. 내가 갚을 것이다."

"그런 게 있었지 바로 그거다."

등의 말로 설득했다.

주인공은 이듬해 2월 고국으로 돌아왔고 그 후 수년이 지나 6 · 25 동란 당시 부산 광복동 거리에서 장병중을 보게 되나 스쳐 지나갔다.

또 다른 수년이 흘러간 어느 날 신문에 장병중이 K도 D군에 제3대 국회위원 선거에 입후보 했다는 기사가 나왔다. 가슴이 떨리고 답답해서 참을 수가 없었다. 생각다 못해 작가는 근무처에 휴가원을 내고 K도 D군으로 갔다. 거길 가서 무었을 어떻게 하겠다는 계획도 작정도 없었다. 그저 가보지 않을 수 없는 초조감에 강박당한 행동이었다.

K도 D군은 아담한 산과 들과 강으로 꾸며진 소박한 고장이었다. 도착한 이틀 만에 합동 정견발표회에 참석해서 장병중 연설을 듣게

되었다. 그는 중국에서 자기가 얼마나 열렬하게 독립운동을 했는가를 신파조 웅변가로 지껄여댔다.

"누구나 말로는 애국한다고 한다. 그러나 애국자라면 실적이 있어야 한다. 나는 생명을 바치고 조국 광복을 위해 싸웠다. 그런 실적이 있기에 누구보다도 충실한 일꾼이 되리라는 자신이 있기에 여러분의 지지를 바란다."

작가는 새삼스럽게 탁인수 사건의 기록을 없애버린 자신을 자책하며 뉘우쳤다. 그 기록만 있으면 복사해서 군내에 돌려 장의 가면을 갈기갈기 찢어 놓을 수 있을 것인데 싶으니 가슴이 무거워 터질 것만 같았다. 생각 끝에 작가는 기억을 되살릴 수 있는 범위에서 그 기록 내용을 재생해서 인쇄물로 만들어 군내에 돌리기만 하면 효과가 있을 것 같았다. 그 의논을 하기 위해서 서울에 있는 옛날 같이 일군에 있었던 M군을 찾아갔다. 그에게 장에 대한 얘기를 한 적이 있기 때문이다. M군은 그 말을 듣자마자 집어 치우라고 한마디로 잘라 말했다

"내버려두라고."

입후보자들 중에는 장병중 같은 사람이 한두 명이 아니란다. 일제 때 경찰, 헌병, 아부해서 출세한 놈 등… 국회가 친일과 민족반역자 소굴이 되던….

결국 그 길로 돌아와버렸다. 선거 결과 장병중은 낙선되었기에 반분이나마 풀렸다는 기분으로 그를 까마득히 잊어버려야 했다.

그리고 다시 6년이란 세월이 흘러 1971년이 저물 무렵 일본 후생

성 창고에서 2천여 주의 유골 봉환문제가 일어나더니 그 가운에서 일부분이 돌아오게 된다는 보도가 있었다. 작가는 그 일을 서둘고 있는 J씨를 찾아가서 탁인수의 유골만은 이번에 돌아오는 유골들 가운데 끼이도록 해달라고 부탁했다.

드디어 11월 20일, 246위의 유골이 돌아왔다. 다행하게도 탁인수 유골이 그 속에 있었다. 일제에 항거한 탓으로 해방 두 달 전에 참살당한 그 영혼이 이십육 년간 이역에서 방황하다가 드디어 고산의 품에 묻히게 되는 것이다. 동시에 탁인수에겐 입대 전에 결혼한 부인이 그의 유복자를 성인시키고 그냥 수절의 생활을 하고 있다는 사실도 알게 되었다.

이십육 년 전 같은 운명에 묶였던 친구들의 적은 정성으로 부산 항을 굽어보는 양지 바른 언덕에 순국열사로서의 그를 송덕하는 비를 세웠다.

이것으로 작가는 그에게 과해진 문제가 낙착을 보았다고는 생각하지 않았다. 사람이 사람답게 살 수 있는 세상이 되려면 인과의 법칙이 분명해야 하는 것인데 고발해야 할 일을 고발하지 않는 것은 인과의 섭리를 어긋나게 하는 범죄 행위이며 증언해야 하는 것을 회피하는 것은 섭리의 법정에서 위증행위가 된다.

"역사가 인생에 유익하려면 악의 원인을 캐내어 그것을 근절하는 법을 만들어야 하지 않겠습니까?"

작가 이병주는 마르코 블로크 교수에게 질문한다.

"역사에 있어서의 유일한 원인의 탐구란 일종의 미신이며, 책임자를 가려내려고 하는 가치 판단의 교활한 형식에 불과하다. 원인의 일원론은 역사의 설명에 있어서 장애물일 따름이다. 역사는 원인의 파도를 파악해야 한다."

그 교수의 회답이다.

작가는 그 교수의 회답을 다시 풀이.

"역사는 그 원인을 파도로서 파악해야 하는데 그 파도에 휘말려 익사할 경우도 있다고."

"역사를 위한 변명이 가능하자면 섭리의 힘을 빌릴 수밖에 없을 텐데요."

교수는 다시 웃음을 보내며 말한다.

"역사를 변명하기 위해서라도 소설을 써라. 역사가 생명을 얻자면 섭리의 힘을 빌릴 것이 아니라 소설의 힘, 문학의 힘을 빌려야 된다."

"어디 역사뿐일까요? 인생이 그 혹독한 불행 속에서도 슬기를 되 찾고 살자면 문학의 힘을 빌릴 수밖에 없다."

라고 작가는 강조했다.

탁인수의 죽음과 마르크 블로크의 죽음, 그리고 이와 유사한 죽음을 한 세대에 수백만 명씩 만들어내고 지금 이 순간에도 그러한 죽음이 세계도처에 깔려 있는 것을 생각하면 역사를 위한 변명은 성립될 수 없다는 느낌에 사로잡힌다. 참혹한 역사는 작가에게 문학을 권함으로써 비굴한 노예 신분의 학도의 삶에서 벗어나라고 독려하는 것이다.

황순원 초기작품
「늪」에 관하여

　단편소설 「늪」은 태섭이란 젊은 남자가 전문학교 강사로 있는 친구 부인의 소개로 한 소녀의 가정교사 일을 맡게 되었고 그를 가르치는 과정 중에 일어나는 다양한 사건을 풀어놓은 이야기다.

　첫날 태섭을 소개해주는 부인과 함께 소녀의 집을 방문하였고 그 부인이 떠난 후 소녀의 어머니는 태섭에게 어떻게 그 부인을 잘 알며 언제부터 아느냐고 문의하였다. 소녀 어머니는 숨찬 음성으로 부인과는 한 고향이어서 서로의 집안사정을 잘 안다는 말로 부인의 집에서는 지금 남편과 결혼하는 것을 반대하여 오랫동안 말썽이 많았다가 종내 부인이 자기의 마음대로 결혼하였고 그래서 그는 여태까지 본가에는 가지 못한다는 말을 하고 그런 일을 저지른 것은 어려서 어머니를 잃고 후모 밑에서 자라난 탓이라고 했다.

　태섭은 소녀 어머니의 숨차하는 말을 듣기가 거북스러워 가르치는 것을 내일부터 시작하겠다고 하고 일어서려는데 그녀는 하루가 새롭다고 하면서 오늘부터 시작하여 달라는 것이었다. 그리고는 소녀가 이렇게 늦어지기는 처음이라고 혼자 중얼거리고 나서 초조하

게 손을 치마 속에 넣어 궐련 한 개를 꺼내어 물고 두어 모금 빨았는
가 하면 이번에는 놀란 듯이 담뱃불을 죽이고 밖으로 귀를 기울었다.

휘파람 소리와 함께 소녀가 들어왔는데 한 손에 스파이크를 들고
있었고 좀 전까지 운동을 하고 온 것이 분명하여 얼굴이 불그레 상
기되어 있었다. 둥근 얼굴에 검고 긴 눈썹 속의 눈이 좀 작은 편이나
생기 있게 빛나고 있었다.

태섭은 교과서를 뒤적이며 소녀에게 학교서 배운 데까지 알아 나
갔다. 그러면서 그는 소녀를 손가락으로 짚어 가리키느라고 어깨를
내밀 적마다 강한 자극을 가지고 엄습하는 향기롭지 못한 땀내를 막
아내기 위하여 담배를 피워 물었다. 소녀의 어머니는 흘깃흘깃 태
섭과 소녀를 번갈아 보면서 정신 차려 잘 배우라는 말을 몇 번이고
되풀이하였다.

다음 날부터 소녀 어머니의 불안한 시선을 받아가며 예습과 복습
이 시작되었고 어학에 관한 암송은 상당히 속하였으나 수학에서는
애당초 풀지 못할 것으로 여기고 마는 폐단이 있었다. 태섭은 곧 숙
제 중 제일 쉬운 문제를 골라서 소녀에게 풀라고 내놓았으나 소녀
는 문제에 눈을 멈추고 그냥 연필을 혀끝에 묻혀내고 있었고 태섭이
착안점을 암시해주어도 소녀는 그냥 연필을 혀로 가져가기만 했다.

소녀는 문득 다른 사람의 눈에는 어딘가 자기 집에 빈 구석이 느
껴지는 게 있으리라는 말을 하였다. 아버지가 없는 것을 이상히 생
각하지 않느냐고 했다. 태섭은 이 집에 아버지가 없는 것만은 소개
해준 친구 부인한테 들어서 미리 알고 있었다고 했다. 그러니까 소

녀는 곧 어머니는 누구에게나 아버지가 죽었다고 하지만 사실은 살아 있다는 것이다.

자기가 철들어서 아버지가 첩을 얻어 딴 살림을 하게 된 뒤부터 어머니와는 재산을 절반씩 나누어 서로 갈라섰고 지금 얼마 멀지 않는 동네에 아버지가 살고 있다는 사실과 그새 아버지는 재산을 다 없애고 얼마 전부터 류머티즘으로 자리에 누워 있다는 것과 또 어머니도 그동안 울화병으로 심장병까지 생겼다는 말까지 하였다.

태섭은 어머니가 지금 소녀 공부 잘 하기만을 얼마나 바라고 있는지 모르니 어서 열심히 공부하여 어머니를 기쁘게 해드려야 한다고 했다. 그랬더니 별안간 소녀는 비웃는 듯한 이상한 웃음을 띠며 그런 말은 어머니한테서 귀에 못이 박히도록 들었다고 하였다.

소녀가 학교에서 돌아오기 전에 태섭이 그 집에 가 닿게 되는 날이면 소녀 어머니는 조심스럽게 미닫이를 열고 들어와 앉아서는 소녀가 학교에서 배운 것을 좀 알기는 하더냐고 묻고 공부도 공부지만 먼저 남자를 멀리 하도록 잘 가르쳐달라고 하면서 사실 요새 여자 안 속이는 남자 어디 있더냐고 하였다.

소녀는 집에 돌아오자 태섭에게 내일은 일요일이니 교외로 피크닉 가자는 말을 하였다. 태섭의 대답도 기다리지 않고 혼자 결정을 하고 부엌 쪽을 향해 내일은 선생님과 함께 소풍 가기로 하였다고 하면서 그렇지 않느냐고 태섭을 돌아보았다. 태섭은 교외에서 스파이크를 신고 달리는 소녀를 눈앞에 그리고 있다가 그만 고개를 끄덕이고 말았다.

그다음 날은 흐렸다. 태섭은 교외로 갈라져 나가는 길 옆에서 소녀

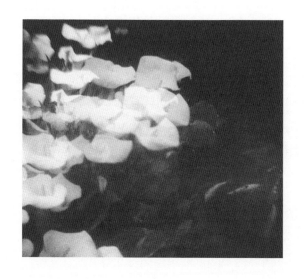

사춘기 소녀의 이유 있는 반응과
어머니의 자녀에 대한 올바른 훈육의 중요성을
느끼게한 황순원의 「늪」.
가정교사와 철없는 소녀의 모습에서
여인으로 성장하는 소녀의 모습과
풋풋한 첫사랑의 모습이 연상되어
다시 기억을 새롭게 한다.

를 기다렸다. 한참 만에 소녀가 왔는데 태섭은 그를 보고 우선 놀랐다. 제복이 아닌 한복차림을 하고 있었다. 그리고는 교외 나가면 비 맞기 쉬우니 그만두자고 하면서 영화구경을 가자고 하였다. 소녀는 자기 혼자서 먼저 결정을 짓고 앞서 걸으며 어머니가 따라와 서 있으니 얼마만큼은 교외로 가는 길을 가다가 보자고 하였다.

태섭은 빠른 걸음으로 앞선 소녀를 따르고 나서 자기는 여기서 헤어지는 것이 좋겠다고 하였다. 소녀는 어머니는 혹 딴 남자와 같이 가지나 않나 하여 따라온 것이니 태섭과 만나는 것을 보고는 안심하고 돌아갈 것이라고 하면서 뒤를 다시 한 번 돌아다보았다. 소녀는 어머니가 아버지한테 받은 타격으로 보면 마땅한 일일 것이라는 말과 아버지가 밖에 나가서 딴 여자들과 만나다 못 해 나중에는 그런 여자를 집에 끌어들이기까지 하던 일을 어려서 보아 잘 안다는 말이며, 그럴 적마다 어머니는 이를 갈며 밤잠을 못자고 울곤 하여 자기는 아버지와 그 데리고 들어온 여자가 아침에 함께 죽어 있어주기를 얼마나 바랐는지 모른다고 하였다.

요즘도 어머니는 그때에 받은 원통함을 도리어 그때 이상으로 살려가면서 아버지를 원망하고 여인들을 욕질하면서 으레 자기더러 남자 같은 것은 생각도 하지 말라고 타이른다고 했다. 또한 자기 하나만 의지하고 여태까지 살아오느라고 별의별 고생을 다 참아 왔다는 이야기와 어머니 없이 자라난 태섭을 소개한 친구 부인이 지금 남편과 제멋대로 결혼했기 때문에 본가에도 못 다니게 된 사실을 늘 되풀이하며 그 친구가 가엾다고 하며 모녀 단둘이 살다가 죽자는 다짐을 한다고 했다.

자기도 얼마 전까지는 어머니와 한 심정이 되어 아버지를 원망하고 여인들을 미워하면서 진정으로 일생을 불쌍한 어머니와 같이 지내리라는 결심을 해왔으나 지금은 자기도 모르는 사이에 어머니에게 반감 같은 것을 가지게 되었고 요새는 지난날의 가슴 아픈 사실을 되풀이 하면서 자식에게 그러한 비극이 일어나지 않게만 애쓰는 어머니가 가엾게는 생각되지만 그대로 쫓아갈 마음은 전혀 일어나지 않는다는 말을 하였다.

또한 어머니가 담배를 피우는 것, 그것을 자기는 어머니가 마음 상할 때 피우곤 한 것이 인이 박힌 것으로 이해하고 있으나 어머니는 오늘까지도 자기 눈을 속여 오고 있는 게 자식으로서 불만이라고 하였다.

그리고 며칠 전에도 첩이 찾아와 아버지의 병이 더 위독하여 약값을 좀 달라고 어머니에게 말하였는데 펄쩍 뛰면서 숨 넘어가는 소리로 그만큼 돈을 빨아 먹었으면 됐지 나중에는 우리 것마저 빼앗아 먹으려 덤비느냐고 소리를 질렀다는 것이다.

그 여인은 아버지와 어머니가 재산을 나누고 갈라설 때 아버지와 만난 여자로 두 애의 어머니인 과부였다는 말과 뒤에도 아버지가 여자관계를 끊지 않아 여러 가지로 고생을 하면서도 참고 끝내 아버지와 헤어지지 않았다고 하였다.

그래서 어머니는 그 여인에게 욕을 몇 번이나 하였으나 소녀 자기는 전처럼 그 여인이 밉게 보이지 않더라는 말과 마침내 그 여인이 앓는 아버지를 위하여 이리와 우리 집에 함께 있게 하는 것이 좋겠다는 말을 하자 어머니는 가슴을 치면서 저 좋아 첩년하고 살다가 이제 돈 다 없어지니까 쫓겨나는 사람을 자기는 맡을 수 없다고 고함을 지르고는 그만 졸도해 넘어졌다 것이다. 소녀는 의사를 부르러 가면서도 오히려 그러한 어머니보다도 류머티즘으로 고생하는 아버지와 그 여인에게 더 동정과 호의가 감을 어찌하지 못했다는 말을 덧붙였다.

태섭은 할 말을 몰라 그저 어머니의 심장병도 대단한 것 같더라고 한마디 하였고 문득 소녀의 어머니는 친구의 부인과 자기 사이에 무슨 추잡한 관계나 있는 것으로 억측하고 있지 않을까 하는 생각과 함께 처음부터 소녀와 자기 사이까지 감시하고 있음에 틀림없다는 생각이 들자 저도 모르게 온몸을 한번 떨었다.

소녀는 어느새 티 없는 미소를 얼굴 전체에 퍼뜨리면서 영화관이 있는 골목 옆 다방 앞에 섰는 한 소년을 발견하자 태섭과 함께 있는 것도 잊은 듯이 빠른 걸음으로 소년에게로 걸어갔다. 태섭은 그 자리에 서고 말았다. 눈썹이 검은 소년은 소녀와 무슨 말을 하는 동안 소년의 얼굴이 조금 붉어지는 듯하다가 소녀가 다시 태섭에게로 걸어오는 동안에는 또 창백해지는 듯했다.

소년은 동무의 오빠라고 하고 그 동무가 앓아누워서 자기를 만나자고 한다고 말하였다. 태섭을 속으로 거짓말을 말라고 하면서도 그럼 가보라고 하였다. 소녀는 온 김에 영화구경이나 하라는 것을 태섭은 일부러 온몸을 떨어 보이며 갑자기 따끈한 커피가 마시고 싶어졌다고 하면서 피하듯이 다방 안으로 들어가고 말았다.

하루는 소녀가 학교에서 오기 전에 그의 어머니가 조심히 미닫이를 열고 들어와 잠잠히 앉았다가 요즘 소녀가 어떤 남자와 만나는 눈친데 그런 것 같지 않더냐고 하며 얼굴을 붉혔다.

태섭은 자기도 모르게 곧 머리를 저으며 그렇지 않다고 해버렸다. 어머니는 딸이 무슨 생각을 하고 있건 자기는 그 애를 놓아주지 못한다고 하였다.

소녀가 돌아왔고 대수 책을 펴놓자 소년에 대한 말을 꺼내며 서울에서 철학공부를 하다가 신경 쇠약에 걸려 집에 와 있다는 말과 소녀가 요새 어머니에게 반항심이 생긴 것은 소년을 알고 난 뒤부터라는 것을 깨닫고 소년의 신경질스러운 얼굴이 남을 속일 것 같지는 않지만 요즘 남자들의 속을 누가 알 수 있느냐는 말에 이어 사실은 지금 자기는 자기 자신의 속도 종잡을 수 없어서 애쓴다는 말을 하였다. 그랬더니 소녀는 눈을 빛내며 어머니의 말을 옮긴다고 하였다.

태섭은 펴놓은 대수 책에 인수분해 문제 하나를 손가락으로 짚었다. 소녀는 노트를 끌어다가 무딘 연필을 혀끝에 찍더니 쓰기 시작하였다. 노트에는 답 대신 '겁쟁이 선생'이라는 말이 씌어져 있었다. 태섭은 연필을 빼앗아 낙서한 곳을 두 줄 길게 그어버리고 이렇게 쉬운 문제도 못 풀면 어떡하느냐고 하면서 방구석에 세워놓은 창이 눈에 들어오자 운동하는 시간을 줄이는 것이 좋겠다고 타일렀다.

그리고 나서 소녀는 수돗가에서 나물을 씻다가 이쪽으로 고개를 돌리는 어머니에게 오늘 밤은 학교에서 수양 강연회가 있으니 학교에 가야 한다고 하였다.

어머니의 대답도 기다리지 않고 태섭에게 나직이 오늘밤에 꼭 할

말이 있으니 아홉 시에 교외로 나가는 길 오른편 늪으로 와달라고
하였다.

태섭은 이날 밤 소녀를 기다리며 타원형으로 된 늪 둘레를 돌았다.
먼 시계탑은 소녀와 만나자는 아홉 시가 지나 있었다. 그는 다시 늪
가를 돌기 시작하였다. 검은 늪을 내려다보면서 그의 공상은 늪 한
바퀴를 돌기 전에 소녀가 몰래 숨어서 자기의 눈을 가리우는 장난을
하고 그러면 자기는 처음으로 소녀의 손을 잡고 그녀가 할 말은 다
른 것이 아니고 모든 것을 잊어버리게 같이 늪으로 뛰어들어보자고
할 것이고 자기는 그러기를 허락하여 둘이는 늪에 뛰어들 것이고 그
렇게 하여 둘이는 늪 밑으로 가라앉으려면 늪 밑 어느 한 구석에서
차가운 샘물이 둘의 등을 스치고 지나갈 것이고….

늪가를 다 돌고 다시 가로수 쪽을 살폈을 때는 찬 밤기운에 몇 번
이고 온몸을 떨었다. 지금 어디쯤에서 소녀의 어머니가 자기를 지
켜보고 있는 환각을 일으키고 나서 소녀 어머니는 자기를 소녀 앞
에 내놓고 무슨 일이 생기나 실험을 하고 있지 않나하는 생각이 들
자 새로 온몸이 떨렸다.

지금쯤 소녀와 소년이 늪 아닌 어느 어두운 골목에서 서로 만나
고 있는 환영을 그리고는 자기의 달그림자를 소녀의 어머니와 소녀
와 소년의 것으로 몇 번이고 착각하면서 그때마다 온몸을 떨었다.

아파트로 돌아온 태섭은 자리에 누워 며칠 동안 열로 떨면서 앓았
다. 열과 오한이 없어진 어느 날 소녀가 왔다. 그는 늪에 못간 변명
으로 그날 소년과 만나 함께 늪으로 가서 태섭에게 자기들의 앞날을

의논하려든 것이 그날따라 집에 혼자 남을 어머니가 불쌍하게 보여 그만 머리가 아프다는 핑계를 하고 자리에 눕고 말았다는 말을 하였다. 그날 밤 소년은 자기를 기다리다 못해 자기가 소년을 배반한 줄로 알고 머리칼을 잘라 자기에게 보냈더라는 말까지 하였다.

태섭은 또 열이라도 생긴 듯이 한 번 떨고 저도 모르게 크게 소리를 내어 웃고 말았다. 소녀가 놀라 눈을 크게 떴다. 소녀가 없어지면 어머니는 졸도하여 깨나지 못할는지도 모른다는 말을 하였다. 소녀는 입가에 비웃음을 띠우며 당돌한 말씨로 병든 아버지를 집에 들이지 않는 어머니의 졸도가 자기와 무슨 상관이 있느냐고 하면서 사실은 지금 소년과 자기는 어디로 떠나는 길이라고 하였다.

태섭은 일부러 냉랭한 어조로 소녀와 함께 떠난대도 멀지 않아 불행해질 것이라고 하니까 어느새 소녀의 손이 날아와 태섭의 뺨을 갈겼다. 악마, 악마, 두어 번 부르짖고 나서 무슨 일이 있더라도 자기네는 행복해 보이겠다고 소리치고는 빛나는 눈에 눈물을 내 보이며 도어를 밀고 나가버렸다.

'늪'이라는 제목이 주는 의미를 조금은 예측하면서 이 단편을 읽었다. 한 소녀 부모의 올바르지 못한 가정생활이 그 자녀에게 어떠한 결과를 가져 오는지를 잘 보여주고 있다. 늪은 땅바닥이 움푹 빠지고 늘 물이 고여 있는 습지 중 하나로 밝고 환한 곳이 아닌 어두움이 깔려 있는 느낌을 주는 곳이다.

그래서 제목을 보았을 때 내용을 어느 정도 부정적인 면을 예측하게 되었다. 소녀 어머니와 아버지의 비정상적인 가정생활 즉 아버지는 첩을 얻어 집을 나가게 된다. 그런 남편을 늘 원망하고 그 원망이 남자에 대한 불신으로 이어져서 소녀는 아예 남자를 만나지 못하게 하고 자기와 평생을 함께 살자고 딸을 설득하게 된다.

그러나 소녀는 첨에는 그 말이 맞은 것으로 살았으나 점차 자라면서 병든 아버지와 그 여인을 보면서 어머니에 대한 생각이 바뀌게 된다. 그래서 어머니를 불신하게 되었고 가정교사 태섭의 가르침에 따르지 않고 비뚤어진 행동으로 반응한다.

태섭도 소녀의 그러한 행동을 시정하려 하다가 점차 소녀가 여자로 보이기 시작하는 자신을 알게 되고 거기에 빠져들지 않으려고 애쓰는 모습을 보여준다.

소녀 어머니의 간절한 부탁이 공부를 가르치는 것보다 남자 다루는 법을 알려줘서 잘못된 길로 빠지지 않게 해달라는 간곡한 부탁 때문에 위험한 생각에 들어가려다 다시 뛰쳐나온다.

소녀는 가정교사 태섭을 핑계 삼아 자기 남자 친구를 만나 영화 구경도 가고 어머니가 하지 못하게 하는 짓을 많이 한다. 가정교사로 인해 소녀는 남자친구 만남을 더 구체화하는데 그런 과정에서 태섭은 혼자 상상으로 소녀를 여인으로 받아 들이고자 하는 내면을 들어내 보였다. 소녀와 그 어머니 가정교사 태섭은 각자 자기 본분을 잘 지켜내지 못하는 인물들이다.

사춘기 소녀의 이유 있는 반응을 보면서 소녀 어머니의 자녀에 대한 올바른 훈육이 더 요구되고 또한 다정한 어머니로서의 당당한 모습이 필요하다. 가정교사 태섭도 철없는 소녀의 모습에서 여인을 느끼기보다는 건강한 사랑을 찾아가길 바라는 마음이다.

그래서 늪이 만들어진 것이라 생각하게 되었다.

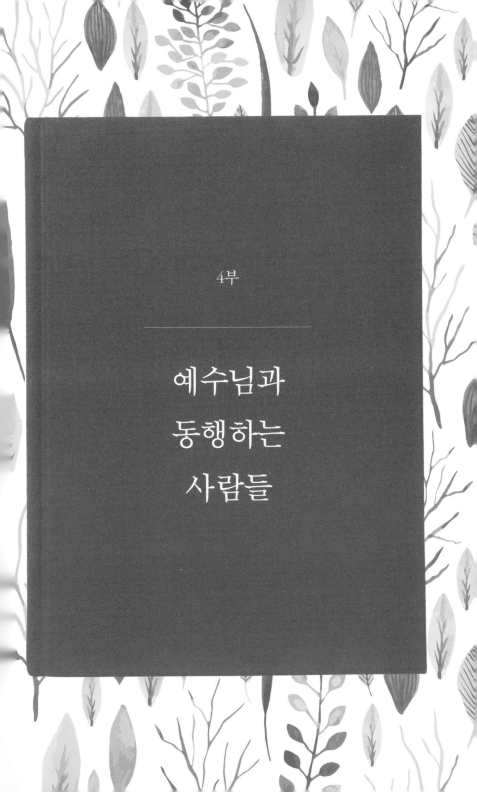

4부

예수님과
동행하는
사람들

닮고 싶은 마음

경기도 송추에 이름난 숯불 갈비집이 있다. 후배권사의 초대로 그곳에서 식사를 하게 되었다. 살아오면서 다양한 음식점을 찾아다녀 봤는데 규모나 음식 질로 봐서 그 집은 조금은 색다른 곳이었다. 큰 건물 전체가 갈비 먹는 손님들로 가득 찼고 대기실에서는 기다리는 분도 많았다. 사는 곳에서 멀지 않는데 이제 처음 방문하게 되어 약간은 놀라고 또한 신기했다. 이런 내 모습에 스스로 미소를 지으며 함께 온 동료들과 음식을 즐겼다.

맛있게 먹는 시간이 깊어질수록 마음 한구석에 또 다른 생각이 일어났다. 1년 전 남편이 77세에 척추협착수술을 받고 예정보다 훨씬 긴 입원기일을 보내고 지금은 집에서 회복하는 중이다. 일상생활로 돌아오려면 환자와 내가 더 많은 인내와 노력이 필요한 때였다.

다양한 반찬과 음식이 너무 맛이 있으니 힘들어하는 짝이 생각나서 다음에 꼭 함께 이곳을 찾아야겠다는 다짐을 단단히 하고 그 시간이 끝났다.

2층에서 내려와 계산대 옆을 지나려는 순간에 후배가 집에 계시는 장로께 드리라고 갈비 2인분이 들어 있는 종이팩을 내밀었다. 깜짝 놀랐다. 내 마음을 꿰뚫어본 것일까? 미안함과 감사함이 교차했다.

그분은 사업을 하는 60대 후반 권사다. 사업도 잘하고 교회에서는 봉사를 많이 한다. 특히 나이든 분들을 잘 섬긴다. 4년 전 노인학교 부장일 때 학생이 되어 가깝게 만나게 되었다. 물질과 시간을 아끼지 않고 정성이 가득한 마음으로 200여 명이 넘는 노인 학생들을 데리고 1년에 두 번 소풍도 가고 여행도 간다. 아주 근사한 곳을 찾아 모든 분들이 기뻐할 수 있도록. 난 상상할 수도 없는 봉사를 기쁘게 한다.

물론 사업으로 넉넉함은 있으나 그보다 베푸는 삶의 기쁨을 체험적으로 경험했기 때문에 그분 주위의 많은 분들이 은혜를 입고 있다. 특히 5월 어린이주일이 되면 교회 담임목사와 부목사 그 외 온 가족을 그 집에 초대해서 잔치를 배푼다고 했다. 그래서 부목사들 아이들은 어린이날을 제일 기다린다고 한다.

베푸는 삶이 부럽다. 그렇게 살고 싶은데 쉽지는 않으나 그 꿈을 포기하지는 않겠다. 함께 살아오면서 주위 분들을 통해 많은 것을 깨닫게 되고 그 힘의 결과는 더욱 성숙한 생각을 하게 만든다. 물론 갈비 선물 때문만은 아니다.

가끔은 조용하고 경치가 빼어난 곳에서 같은 뜻을 가진 친구들과 함께하고픈 마음이 생겨난다. 나의 힘에는 약간 부담이 되는 곳인데? 그럴 땐 용케도 그분은 내 생각을 미리 알고 시원한 답을 준다. 어쩌면 신세를 너무 지는 것 아닌가? 때로는 그런 생각도 해보지만 워낙 하시는 일이 번창하니깐 나이든 분들과 함께하는 시간이 소중하다고 부담감을 줄여준다.

삶을 정리해야 하는 시점이다. 어떠한 분들과 만나면서 지나야 할지? 이러한 시점에 이분을 만나게 되어 감사하며 남은 나의 삶 동안 닮아 가고픈 분이다. 그래서 매일이 더 즐겁고 기쁘다.

고운 단풍 힐링

가을이 깊어 갈수록 나뭇잎들의 색깔이 아름답게 변해간다. 단풍이다. 시골에서 성장한 나는 산과 들을 많이 좋아한다. 다른 때보다 유난히 더 아름답다는 올해 가을 단풍은 매일 매일 나를 흥분시키고 즐겁게 한다.

캠퍼스가 아름다운 대학으로 더 많이 알려진 경희대학교는 가을 단풍의 수려함이 많은 사람들을 불러들인다. 10월 중순이 가까워지면 학교는 방문객을 맞을 준비로 본관 앞 분수대도 개방하여 마음껏 뿜어대는 물줄기가 준엄한 건물을 더 돋보이게 해준다. 수년간 반복되는 자연의 섭리를 나름대로 즐겨왔기에 금년에도 그것을 놓치지 않으려고 지혜를 모았다.

다니고 있는 교회가 학교와 가깝다. 새벽기도회 끝나고 대학 단풍을 찾아가는 것은 쉬운 일이다. 아름다운 단풍들의 향연이 얼마나 아름답게 펼쳐지고 있는지를 수년간 잘 보아왔기에 그 기회를 놓치지 않으려고.

금년은 지난 어느 해보다 더 아름다운 단풍이라고 말들 한다. 이

이른 아침 솟아오르는 햇빛을 받으면
신비할 정도의 아름다움을 발산하는
단풍들의 자태에 할 말을 잃는다.
낙엽으로 만들어진 양탄자 길을 걸으며
이 화려한 상황을 함께 나누고 싶은 이를 찾는 고민을 한다.

가을을 보내면서 소문난 단풍명소를 TV를 통해 많이 보았다. 그때마다 그곳을 다 찾아보고 싶은 욕망이 생겼다. 쌓여가는 연륜 때문이라 사료된다.

이른 아침 솟아오르는 햇빛을 받으면 신비할 정도의 아름다움을 발산하는 단풍들의 자태에 할 말을 잃는다. 그래서 10월 중순부터 약 한 달 간은 빠지지 않고 그 황홀한 단풍 길을 걷고 있다. 몇 명의 이웃사촌들이 함께 즐거움을 나눈다. 낙엽으로 만들어진 양탄자 길을 걸으며 이 화려한 상황을 함께 나누고 싶은 이를 찾는 고민을 한다.

먼저 떠오르는 얼굴들은 가슴으로 대화를 나눌 수 있는 믿음의 친구들이다. 그래서 몇 명을 학교로 초청했다. 우선 즐거운 식탁에서 만났다. 그 후 나만이 알고 있는 황금 길을 함께 걸었다. 과연 친구들이 공감을 할 수 있을까? 약간의 기우도 했다.

내 머릿속에 그들을 안내해서 아름다운 추억을 함께 만들어야 하는 장소를 입력했다. 그런데 그날 예정했던 길을 절반밖에 못 왔는데 빗방울이 떨어진다. 날씨가 좋아야 더 예쁜 단풍을 볼 수 있는데 가슴이 답답해진다. 그만보고 돌아가자는 자가 있을까 봐.

다행히 예정했던 길을 다 다녔다. 함께 공감하면서. 그래서 친구들이 소중하다. 기쁨은 나눌 때 배로 늘어난다는 사실을 맛보면서.

11월 중순을 맞으면 단풍들은 찬 서리 맑은 공기와 함께 아름다운 자태를 모두 잃어가지만 그동안 마음과 영혼에 쌓아준 기쁨과 환희 때문에 최고의 예쁜 모양으로 담아두고 싶다. 앞으로 찾아올 매서운 추위도 능히 이길 수 있는 힘을 저장해주었다. 이것이 힐링이다.

나이든 사람들은 혼자 살거나 부부만 사는 가정이 많다. 지난날 그렇게 아웅다웅 다툴 때도 흔했으나 이제는 조용히 보내는 시간이 점점 많아진다. 대화가 점차 줄어들어 나만의 시간이 많아지는 것에 익숙해져간다. 조병화 시인의 "헤어지는 연습을 하면서 삽시다"가 생각난다. 현명한 삶이 아닐까?

나이 들어가는 것, 은퇴 후의 삶에 서러운 것만 있는 것은 아니다. 꽃보다 단풍이 더 아름다울 수 있듯이, 그러나 곱게 물든 단풍이어 야겠지. 그 단풍이 되고 싶어 매일매일 그 길을 걷고 있다. 치유라는 단어를 이러할 때 사용해야 할 것 같다. 마음의 흠집이 조금씩 사라 져감을 느낄 수 있으니깐.

교회오빠

　영화〈교회오빠〉를 담임목사께서 전 교인들에게 추천해주시니 친구와 함께 관람했다. 우리 교회는 가끔 주일 대예배 시 영화로 하나님을 만나는 체험을 하게 한다. 예배시간에 영화 관람하는 것이 처음은 매우 어색했으나 세월의 신속한 변화 속에서 이제는 설교 못지않게 은혜를 받을 때가 많다.

　예배 시 영화관람? 너무 어울리지 않는 상황으로 알고 있었다. 내가 자라는 시대에는 영화관은 교인들이 가서는 안 되는 곳으로 잘못 알고 자랐다. 그러나 요즘은 영화를 보는 것이 생활의 일부분이 되어 영화에 관심이 많다.

　마침 어제 톱뉴스로 프랑스 제 72회 칸영화제에서 영화감독 봉준호가〈기생충〉영화로 황금종려상을 받았다는 소식이 신문 1면을 가득 채웠다. 한국영화 100년 역사상 처음 있는 일이란다. 세계 속에서 우수한 상을 받는 우리 영화가 되었으니 영화관을 자주 찾는 나에게 힘을 보태주는 것 같다.

　〈교회오빠〉는 엄마끼리 친구인 한 남녀가 어릴 때부터 같은 교회에서 함께 자라면서 만나게 되었고 그 인연으로 결혼했고 딸아이 한 명을 둔 평범한 부부 이야기다. 성장과정을 서로 잘 아는 사이라 더 많을 축복을 받으며 화려한 결혼식을 갖게 된다. 그러나 한창 왕성하게 살아야 하는 젊은 나이 40대에 몸에 이상이 생겨 병원을 가게 되었고 암 진단을 받게 되는데 그때 이미 말기 암이라 전신에 전이가 일어난 상황이었다.

억장이 무너지는 상황이 현실로 닿아온 남편은 담담하게 그 현실을 받아들이고 조금씩 암과 투병하는 과정에 일어나는 일들을 보면서 그래도 최선의 치료로 수술도 받고 항암약물요법도 하면서 조금이라도 회복의 기회를 찾으려고 애쓰는 과정이 절실하게 나타나 보는 이의 마음을 안타깝게 했다.

신체 한 부위에 있는 암 덩어리를 잘라내고 힘든 항암약물요법을 몇 달 하고 다시 그 결과를 기다리는 순간 동안 암 세포수치가 조금이라도 낮아지고 영구히 사라져서 완치의 판정을 기대하며 병원을 찾았으나 그 반대 결과를 알게 되었을 때의 실망감으로 무어라 표현하기 힘든 시간들을 보내게 된다.

그 와중에 부인이 열이 나서 병원을 찾았는데 혈액암 진단을 또 받게 되어 그 암담한 심정을 무엇으로 표현하기 힘든 상태였고 부인은 무균실에서 항암치료법에 그래도 결과가 좋아져서 퇴원하지만 언제 그 혈액암 세포가 다시 만들어질지 알 수 없는 불안한 상태이다. 그래도 젊은 그 부인은 남편을 간호하기 위해 자기의 힘든 상황을 극복하려고 노력하며 남편을 위한 희생의 모습을 볼 수 있어 안타까운 마음이었다.

남편은 조금만 몸이 가벼워지면 부인을 도우려고 많은 노력을 기울이는 모습은 모두의 마음을 아프게 하였고 그러한 힘든 상황 속에서 적극적으로 힘이 되어주어야 할 어머니는 그 아픔을 견디지 못하고 스스로 목숨을 끊는 엄청난 상황을 오게 했다. 계속 더 나쁜 상태로 이어지는 자신을 직시하며 실망스런 말로 '하나님은 내 기도를 들어주시지 않나 봐. 정말 하나님은 계시기는 하는가?'란 실망의 순간에 부인은 위로의 말을 한다.

예수님이 십자가에 달려 애절하게 부르짖어 하나님께 기도하던 그 시간을 생각해보면 지금 이 시간 당신의 기도에 즉각적인 응답이 없어도 그분은 분명히 살아계시고 기도도 들으신다는 확신을 하게 된다고 서로 위로한다. 그래서 끝까지 실망하지 않고 생명을 이어가려는 모습은 믿음의 소중함을 알려주었다.

또한 주위에 함께 예배하며 성경말씀을 나누며 기도하는 분들이 아주 많아서 항상 든든한 영적 힘을 공급받고 감사하는 모습이 위로가 되었다. 몇 번의 수술과 약물요법을 거치면서 그는 어린 딸아이 유치원 입학식에 참석할 수 있는 기회가 주어지기를 소망하는 모습에 그렇게 되기를 관람자로서 간절히 기원했다. 그러나 시간이 지나갈수록 암세포는 몸의 위치를 바꾸어 가면서 나타나 이젠 더 이상 약물투여를 포기하고 호스피스 간호를 받아들여 남은 삶을 부인과 딸과 함께 즐겁게 지나려고 노력하는 모습이 안타깝게 하였고 부인을 더 사랑해주지 못해서 미안하다는 말을 많이 했다.

살아가야 할 날이 많이 남은 젊은 청년의 생애를 보면서 그래도 신앙이 있기에 모든 것 받아들이고 조용히 평온함을 느끼는 마지막 모습에 다시 만날 소망을 모두에게 확실히 보여준 사례라고 확신하게 되었다. 이러한 영화를 만드신 분들께 많은 감사를 드린다.

국제 영상 통화

　토요일 아침이면 멀리 떨어져 살아가는 첫째 딸 가족과 자주 영
상전화를 한다. 거기는 금요일 오후이니 가족이 함께 모이기 좋은
시간이다. 지난 몇 주간 전화가 오지 않아 궁금하던 차에 토요일 온
가족의 얼굴을 보는 대화를 했다. 인사를 주고받는 딸의 음성이 아
주 맑아 좋은 일을 예측하는데 중1인 손주 녀석이 올 A 성적을 받았
다고 자랑이다. 살고 있는 지역이 백인 중심인 미국동부 하노버 지
역 다트머스 대학 근처다. 상류층 백인 중심 학교에서 앞서가는 것
은 그렇게 쉽지 않기에 칭찬을 아끼지 않았다. 할아버지가 선물로
만 원을 주고 싶다고 하니 괜찮다고 한다. 손주 녀석이 전화 너머로.

　그간 일어난 일들을 알려주는데 교수 딸은 하버드 대학 특강교수
로 초빙되어 다녀왔단다. 10여 년 전 그 대학에 박사 후 과정으로 1
년 수련하는 때가 있었다. 지금 중학생인 손주가 어릴 때다.　LA에
살고 있었기에　둘이서만 그 대학 기숙사에 살고 있었다. 겨울 방학
중 잠깐 방문해보니 그 도시 보스턴이 얼마나 추운지? 난방시설이
잘 안 된 집이라 아이는 감기에 걸려 있고 손등은 콧물을 너무 많이
닦아 피부가 갈라져 있었다. 그래도 크게 도움을 주지 못하는 나 자

신이 안타까울 뿐이었던 곳이기도 하다.

대상은 하버드 대학 교수 몇 명, 석·박사 대학원생들이 주축이며 다트머스 대학에 있는 한국에서 온 젊은 교수 2명도 함께 거기까지 가서 참석했단다. 모두가 열심히 청강을 하니 자기 자신에게 "서소영" 너 정말 잘한다고 칭찬했단다. 자신 있는 강의를 했기에 스스로 만족하는 모습에 함께 기뻐했다.

1990년 초 내가 그 대학을 처음 방문했을 때 일이다. 너무나 잘 알려진 대학이라 '이런 대학에 우리 아이들이 공부할 수 있다면 얼마나 좋을까?' 하는 꿈을 가져 보았다. 그래서 기념품 가게에서 대학 마크가 정면에 찍혀 있는 반팔 티셔츠를 구입했고 돌아와 중학생인 딸아이들 공부방 정면에 걸어주었다. 그 후 난 잊어버렸는데 강의하는 순간 다시 기억이 났다고 했다.

그 아이 고등학교 시절, 신설되는 외고에 입학시켜 외국어에 일찍 자신감을 갖고 학문하게 된 것 감사하다고 했다. 그리고 아빠는 든든한 경제적 지지로 마음 편히 공부할 수 있는 환경을 만들어주심을 감사한다. 지금은 고령으로 조금은 약한 위치에 있는 남편이지만 기분이 아주 좋아졌다. 이러한 일들이 자녀를 둔 부모들의 최상의 기쁨이라 사료된다.

딸 대학원을 졸업할 즈음 어느 날 가족들이 함께하는 시간에 폭탄선언을 했다. 선교사로 중국 연변 과기대학으로 가겠다고 했다. 그 당시는 과기대학은 처음 시작한 시기라 모든 여건이 열악한 상황이었다. 동생들이 줄줄이 자라고 있어 계속 공부를 더 하기를 바라고

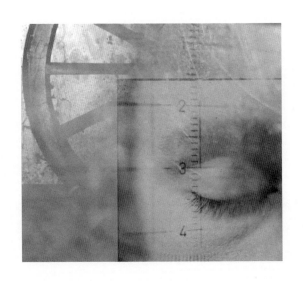

선교사로 중국 연변 과기대학으로 가겠다고 한 딸
가장 젊음이 왕성한 시점에 하나님의 일을 하겠다고 약속했다니
어려운 환경에서 살아가는 법을 경험하고
또한 하나님을 참으로 사랑하는 수많은 학자들을 만나게
된 것이 앞으로의 삶의 계획을 세우는 데 큰 힘이 되었다고 했다.
그 후 앞서가는 자녀들의 사고를 인정하게 되었다.

있었고 선교사에 관심이 전혀 없었던 때라 매우 당황했다.

공부 끝내고 천천히 하자고 권해보았으나 가장 젊음이 왕성한 시점에 하나님의 일을 하겠다고 약속했다니 장로 권사인 우리 부부는 할 말을 잊었고 동의할 수밖에 없었으며 선교비는 우리가 담당하겠다고 했다.

1년간 그곳에 머물면서 어려운 환경에서 살아가는 법을 경험하고 또한 하나님을 참으로 사랑하는 수많은 학자들을 만나게 된 것이 앞으로의 삶의 계획을 세우는 데 큰 힘이 되었다고 했다. 그 후 앞서가는 자녀들의 사고를 인정하게 되었다.

중국 선교 그 후 미국으로 옮겨 학위를 끝내고 긴 시간의 노력과 기다림 속에서 오늘의 다트머스 대학 테니어 교수 자리에 있게 되었다. 자기네 아이 남매 여동생 딸 5학년 한 명이 조기 유학 가서 5명 가족이 되었다. 그런데 앞으로 가능한 한 자기 집으로 와서 공부하려고 하면 도와주겠다고 한다.

지난날을 되돌아보면서 자신을 알게 되고 앞으로의 일도 그 어렵고 힘든 시절을 잊어버리지 않고 함께 살아가는 방법을 더 깊이 깨닫는 삶이 되길 바라는 마음으로 전화를 내려놓았다.

작은 손길 큰 응답

30대 초부터 가르치는 길을 걷게 되었고 많은 어려움과 기쁨의 시간이 흐른 후 정년은퇴라는 용어가 가깝게 다가왔다. 퇴임 후 하고 싶은 일에 대하여 관심을 갖게 되었고 존경하는 선배들의 삶을 닮아 가고픈 마음이었다. 활기차게 살던 시절에 하고픈 일들이 가끔 생겨도 내 의지와는 관계없이 환경의 지배를 당할 때가 많이 있었다. 그 때는 직장을 핑계대면서 위로를 받아왔기에 이것이 끝나면 그런 일을 해보는 자유를 마음껏 누리고 싶었다. 그래서 학교를 마무리 하는 날은 마음이 가볍고 감사가 가득했다.

여러 가지 관심목록에서 우선순위가 오지에서 하나님의 나라가 어떻게 이루어져가는지를 경험하는 선교일이었다. 하나님의 일에만 전염하기 때문에 그분의 간섭하심이 더 구체적으로 다가오리라는 기대감을 가지고 있었다. 그래서 그런 현장에 내 작은 경험이 쓰일 수만 있다면 하는 바람이 있었기 때문이다.

2006년 8월 끝나는 때를 맞추어 세계기독간호사회라는 단체에

서 캄보디아에 있는 라이프 대학에 간호학과를 개설하는데 초대학
장으로 갈 수 있는지 문의가 왔다. 막상 제안을 받고 보니 가족들에
게 미안한 마음이다. 늘 바쁘다는 핑계로 가족들에게 편안함을 주
는 시간이 부족했기 때문이다. 그래서 주저되기도 했으나 원해왔던
일이라 가족들과 의논하고 특히 남편의 동의를 얻게 되어 동참하기
로 결정하였다.

여러 가지 사정상 현지에서 머무는 기간을 길게 할 수는 없으나
처음 개설하는 대학이라 얼마간이라도 함께할 수 있으면 도움이 된
다는 권유에 순종하기로 한 것이다.

라이프 대학은 캄보디아 수도 프놈펜에서 버스로 3시간 정도 떨어
진 그 나라에서는 유일하게 바다를 끼고 있는 도시 시아누크빌에 있
다. 20여 년 전 구○○ 선교사가 가족들과 함께 먼저 찾아가 복음을
전하고 있었다. 처음 그가 캄보디아에 선교하려고 왔을 때는 프놈펜
에는 한국 선교사들이 많이 있어서 더 가난하고 복음의 불모지인 곳
을 찾아간 곳이 시아누크빌이라고 했다. 그 당시 호주에서 온 선교
사를 만나서 함께 사역을 했으며 그리고 더 나아가 그분들의 도움을
받아 교회와 신학대학을 설립하여 운영하게 되었다. 그 후 세계기독
간화사회의 도움으로 다시 간호대학을 시작하게 되었다.

현지에서의 삶은 모든 것이 새롭다. 새 사람을 만나는 일, 다른 문
화를 알아가는 일, 무더운 날씨에 잘 버티는 일, 모든 것이 쉽지 않
았다. 기도와 예배로 하루를 시작하면 어느 사이 하루가 지나갔다.

새로운 꿈을 키워가려는 40명 남녀 신입생이 선발되고 학기가 시

작되니 해야 할 일들이 많아졌다. 대다수의 학생들은 학비를 부담할 여건이 못 되어 누군가의 도움을 받아야 하므로 재정은 항상 비상상 태에 처하게 되었으나 세계 각국에서 보내는 도움의 손길로 어렵지 만 배움은 진행되었다.

이곳 시아누크빌은 바다를 끼고 있는 도시라 경치가 좋고 아름다 운 해변 때문에 외국관광객이 많이 온다. 특히 프랑스의 도움을 받 았던 역사 때문에 아름다운 해변은 그 나라 사람들이 주인인 곳이 많다. 마음이 아팠다.

킬링필드만 기억하고 있던 나에게는 그곳에 도착하니 여러 가지 궁금한 것이 많았다. 크메르 문명(BC 2000~1000년)으로 시작된 국 가로 9세기 초에 세운 앙코르와트 사원은 관광의 명소가 되어 있고, 100여 년(1864~1953년) 간 프랑스의 보호국, 크메르루즈군(1975~ 1979년)의 150만 명의 학살로 깊을 상처를 가지고 있는 국민이 많 은 나라다. 인구 1,500만 명, GDP 1,200달러로 세계 163위, 불교가 95%이며, 평균기온이 섭씨 28도~32도인 국가다.

가족을 떠나 오지에서 선교에만 전념하는 일이 생각보다는 더 많 은 문제가 따랐다. 영어강의로 학업이 진행되나 학생들도 언어에 자 신이 없어서 수업진행에 문제가 많았으며 가난하여 도중에 그만두 는 학생들이 많아져 경제적 도움이 필요할 때 넉넉한 도움을 줄 수 없어 마음 아팠다.

그러나 시간이 갈수록 많은 한국 간호계 능력 있는 은퇴교수들이 그 대학에 재능기부를 했으며, 특히 경희대학교 경영대학 교수들은 전자제품으로 많은 도움을 주었다. 첫 번째 졸업생들이 나오고 그중 재능 있는 4명은 한국에 와서 간호학 석사를 끝마치고 모교로 돌아가 교수직을 감당하고 있다.

라이프 대학은 이제 도움을 줄 수 있는 당당한 대학으로 발전되어 가난한 자기 나라의 국민건강을 담당하는 간호사를 많이 배출하는 훌륭한 대학으로 우뚝 서 있다. 짧은 기간이지만 하나님을 전하게 위한 선교지에서 일할 수 있었다는 것이 가장 큰 보람이다. 되돌아보면 정년퇴임 후 곧바로 선교지로 가서 3개월, 그 후 2년간 계속된 선교지의 일은 부담으로 닦아올 때도 있었으나 정성껏 섬기는 마음이었다.

10년이 지난 지금 나의 나뉨이 선교지로부터 받은 축복이라 사료된다.

간호대학 예배

지난 월요일(11월 14일) 오전에는 뜻을 함께하는 동료 3명과 함께 떡과 과일이 든 선물 상자를 들고 기쁜 마음으로 경희대학교 간호대학을 찾았다. 1학년 80여 명의 학생들은 간호와 종교 1시간 강의를 끝내고 추수 감사예배를 드리려고 준비하고 있었다. 11시에 시작한 예배사회는 교수가 하고 성가대원으로 10명이 나와서 찬양을 하는데 남학생도 2명 있었다. 물론 대표기도는 방문자 중 한 분이 했다. 예쁘고 당당한 예비간호사 군병들을 현장에서 만나니 더 기쁘고 감격스러웠다.

그동안 1년에 두 번 부활절 예배와 추수 감사절 예배에 참석해 왔다. 하나님을 믿는 학생들보다 학점 때문에 억지로 참석하는 수가 더 많아서 우리들의 선물이 그들을 즐겁게 한다. 개교 당시에는 전교생이 함께 드렸던 예배였으나 지금은 학생들의 거부로 1학년만 모인다.

일반 4년제 대학에서 특수 종교과목을 학점으로 인정받기는 매우 어려운 일이다. 그러나 간호대학은 설립자의 특별한 신념 즉 간호사

간호대학은 설립자의 특별한 신념 즉 간호사는
기독교 정신으로 교육해야 한다는 철학이 있어
1967년 개교 당시부터 성경과 예배를 학점화했다.
예배와 성경과목을 없게 하려는 행위는 수시로 발생하여
믿는 교수들이 힘을 합쳐 이 시간들을 잘 지켜야 한다는
사명감을 가지게 되었다.
시간이 지나 이름도 기억하기 힘들지만 결국은
하나님의 긍휼이 모든 삶을 주관했음을 알게 해주셨다.

는 기독교 정신으로 교육해야 한다는 철학이 있어 1967년 개교 당시부터 성경과 예배를 학점화했다. 그래서 주 1회 예배를 드리고 성경도 가르치게 되었다.

세월이 지나면서 기독교 교육에 반대하는 학생들이 많아져서 성경학점과 예배를 거부하는 움직임이 해마다 더 심해졌다. 특히 1990년대 전국 대학교는 데모로 수업을 거의 하지 못했고 임시휴교령도 내렸던 때의 사건이다.

간호대 학생회는 교내 행사로 돼지 머리를 올려놓고 제사하는 순서를 일정에 넣겠다는 일이 발생하여 학교와 심각한 갈등을 하게 되었다. 모난 몇 명의 학생들이 일부러 예배드리는 시간 때문에 그런 일을 일으켜 학교를 혼란하게 만들려는 의도였다.

보직 교수들은 극심한 어려움에 놓여 수일 동안 고통을 당했다. 어려움 중에서도 기독교 교수들의 애타는 기도와 개별면담 지도로 그 행사를 중지시켰다. 그 사건 후에도 예배와 성경과목을 없게 하려는 행위는 수시로 발생하여 믿는 교수들이 힘을 합쳐 이 시간들을 잘 지켜야 한다는 사명감을 가지게 되었다.

수년의 세월이 지난 어느 날 엽서 한 장을 받았다. 바로 그 당시 학장인 나를 가장 어렵게 한 그 학생이었다. 졸업 후 청량리 모 병원에서 근무하고 있는데 세월이 지나 갈수록 그 사건이 마음에 무거운 짐이 되어 용서의 글을 올린다는 내용이었다. 학교 일로 집까지 찾아와 자동차 유리를 박살내고 집 앞에서 항의하는 데모를 한 것이다.

다시 생각하고 싶지도 않는 그런 시간이라 세월이 흘러도 쉽게 마음의 상처는 지워지지 않던 때라 늦었지만 그 엽서 한 장으로 모든 나쁜 흔적을 떨쳐버릴 수 있었다. 지금은 그 이름도 기억할 수 없다

가르치는 자의 뒤늦은 기쁨이랄까? 묘한 감정이지만 하나님의 긍휼이 그의 삶을 주관했음을 감사하게 되었다. 그 글을 받지 않았다면 지금까지도 마음속에 어두운 그림자로 그가 남아 있을 수 있었던 일이라….

그런 과거사가 숨어 있는 예배이기에 학교를 은퇴할 때까지 그 시간을 소중하게 여겨 정성을 모았으며 퇴직 후 10여 년이 지났어도 그 시간을 기억해서 간호인이 되겠다고 결단한 새 얼굴들을 만나고 싶어 선물꾸러미를 들고 열심히 찾아가고 있다. 현직 교수들도 우리들의 방문을 환영한다. 학점 때문에 왔던 더 많은 학생들도 간식과 함께 우리를 기쁨으로 맞아준다. 언제까지 이어질지 알 수 없지만 빤짝이는 눈빛으로 기쁘게 맞이하는 그들을 계속 만나고 싶다.

아름다운 마무리

　나이가 좀 많아진 후에 호스피 자원봉사자 역할을 한다는 것은 쉬운 일은 아니다. 그동안 이 봉사를 학문적으로만 알고 지나다가 2014년 새해가 되면서 나의 건강이 이 정도 유지될 때 무엇이든 남을 도우는 일에 참여하고픈 마음이 들어 두려움 반 기쁨반의 설레는 마음으로 말기암 환자들을 찾아갔다.

　시작한 지 한 달이 지나 2월 첫 주에 46세 남자 말기위암환자(김××)를 만나게 되었다. 미혼이며 가족관계도 남동생 한 분만 간간히 방문했다. 어머니도 계시기는 하나 방문을 오지는 않는다는 개인 사정을 듣고 만나러 병실로 갔다.

　얼굴과 팔은 너무 야위어서 앙상한 뼈만 보였으며 다리와 배는 부종으로 인해 거동이 어려운 상태였다. 그리고 팔에는 정맥액주입관, 코와 복부에 산소 주입관과 배출액 고무호수가 꽂혀 있어 매우 힘든 상태였다. 젊은 나이에 가족 돌봄을 거의 받지 못하는 상황에서 생의 마감을 해야 하는 이 청년이 매우 안타깝게 느껴져 더 깊은 관심을 가지게 되었다.

호스피스 봉사를 할 때는 가능하면 두 사람이 짝을 지어 함께하는 것이 환자와 봉사자 각자에게 더 도움이 되므로 더 젊은 마음과 몸이 예쁜 한 분과 함께 봉사 일을 하게 되어 함께 찾았다. 인사를 하고 방문 목적을 설명하고 대화를 시작하려 했으나 얼굴 표정이 갑자기 굳어지면서 감사하지만 오늘은 대화하고 싶지 않으니 돌아가 달라고 단호하게 말하므로 조금 머물다가 전화번호를 환자 전화기에 입력해주면서 무엇이든지 필요한 것 있으면 우리가 도와줄 수 있으니 연락하라는 부탁과 다음 주 이 시간에 다시 방문하겠다는 말을 남기고 병실을 나왔다.

매우 착잡한 심정이며 이럴 때는 어떻게 해야 할지 하나님께 그분의 이름을 부르며 기도할 수밖에 없었다. 그다음 주 약간의 두려운 마음을 가지고 다시 찾아 갔을 때는 다리에 부종은 더 심하고 신체 상태도 더 나빠 보였다. 그러나 만남이 두 번째라 지난번처럼 거부하거나 부정적인 태도는 없어졌고 '무엇을 먹을 수 있는지? 통증이 어느 정도인지? 무엇이 필요한지?' 등의 대화에 적극적인 대답을 하면서 조금씩 마음을 여는 이야기를 나눌 수 있었다.

내 자녀도 당신과 같은 또래라고 소개하면서 부종이 있는 다리와 발을 조금씩 만져주고 등도 쓰다듬어 주었다. 발을 만져주는데 때가 많아서 미안하다는 말까지 하면서 힘든 사정을 열어가는 말과 얼굴 표정이 점차 밝아지면서 평안함을 보여주었다. 병실을 떠나기 전 함께 간절한 마음으로 이 청년의 현 상황을 보시고 계시는 하나님께서 새로운 소망과 다른 세계를 보여달라고 기도하였다.

그리고 그다음 3주째 방문 때는 그동안의 의료치료 행위 즉 정맥 수액, 산소, 복부배액관 등 치유목적의 모든 의료 기구가 제거되어 환자 거동이 좀 더 쉬워 보였다.

병실에 들어서자마자 우리를 반기며 오늘은 파티를 해야 한다고 하면서 약간의 딸기와 방울토마토, 오렌지 등을 냉장고에서 꺼내어 침대 위에 차리고 있었다.남동생도 방문을 오게해서 우리와 함께 만나게 되었으며 2월 중순이라 과일 값이 비쌀 때인데 골고루 갖춘 과일을 충분히 준비했기에 우리도 한 알씩 먹지 않을 수가 없었다. 그리고는 동생보고 마트에 수박을 주문하게 하여 병실 간호사들에게 주라고 있는 자리에서 주문하였다. 그간 병실에서는 그 환자가 매사에 까다롭게 해서 간호사들이 많이 힘들어 한다는 말을 수간호사로부터 들었다.

우리가 정기적으로 봉사 날은 매주 화요일인데 과일파티를 열어준 다음 날 짝꿍 봉사자가 그 환자가 생각나서 혼자 요구르트를 준비해서 방문했는데 매우 반가워하면서 한 통을 다 먹으면서 사실 자기가 학생 때 교회를 다녔고 세례도 받았다는 이야기를 했단다. 아주 환하고 밝은 표정으로 서로의 만남을 고마워했고 특히 팔다리 마사지와 마음을 드러내는 대화를 할 수 있어서 고맙다는 말을 몇 번이고 반복했다고 했다.

그다음 주 봉사하는 날 방문하니 그 요구르트를 먹은 다음 날 그는 조용히 하나님의 부름을 받았다는 이야기를 듣게 되었다. 46세 젊은 나이의 청년 죽음을 세상적인 관점으로 보면 안타까운 면이 많이 있으나 이미 죽음을 예측하고 우리 봉사자들에게 과일파티를 열어 주었고 간호사들에게는 수박 선물로 불편한 마음을 위로했다. 그리고 그동안 잃어 버렸던 과거에 만났던 하나님을 다시 찾게 되어 세례 받은 사실을 봉사자에게 알려주고 조용히 생을 마감한 그분의 마지막 죽음을 아름다운 생의 마감이라 말하고 싶다.

호스피스 자원봉사자로서의 경험이 많지 않는 저에게는 죽음에 임하는 이 청년의 변화되어가는 모습을 보면서 많은 것을 생각하게 되었다. 생의 마지막 날을 준비할 수밖에 없는 분들에게 진정 필요한 것이 무엇인지 다시 깨닫게 되었다. 죽음을 바라보는 순간에 새 소망을 가질 수 있는 자의 삶은 진정 아름다운 마무리라 생각되어진다. 사람의 총체적인 평가는 어떻게 마지막을 마무리하는가에 많은 비중이 주어진다고 했다. 짧은 생을 살았지만 이 청년의 마지막은 아름다운 마무리라고 말하고 싶다.

호스피스 자원봉사 사례발표

말기암 환자를 돌보는 호스피스 자원봉사는 깊은 사랑의 마음이 아니면 계속하는 것이 어렵다. 환자를 만나서 서로의 마음을 나누다 보면 사별해야 하는 순간이 빠르게 또는 느리게 찾아온다. 그 이별은 아픔을 남기므로 이 봉사에 사람들이 쉽게 다가오지 않는다.

그동안 많은 환자들을 만났다. 길게는 1년 이상 아니면 몇 주간 짧은 만남이었다. 최근 사별한 정○○ 분을 소개하고자 한다. 2010년 위암 진단으로 수술과 항암치료를 받고 잘 지내오다가 최근 복수가 차며 오심과 가려움증이 심하여 2016년 12월 19일 입원한 57세 된 남자 환자다.

2017년 1월 10일 첫 만남이 시작되었다. 암세포가 전신으로 퍼져서 치료는 중단되었고 특히 장에 많이 전이 되어 음식물이 전혀 내려가지 못하므로 입으로는 아무것도 먹을 수 없는 상태였다. 오히려 위에 삽관을 꽂아 분비물을 배출해 내고 있었다. 영양제만 혈관으로 주입되고 있었으며 많이 야위었으나 의식은 분명했다. 기본욕구 중 제일 중요한 식욕을 충족할 수 없는 상태라 매우 안타까웠다. 생명의 연장은 혈관 영양제로 이루어지고 있으며 그동안 힘들게 투병한 지 7년이라 매우 지친 상태였다.

이제 그만 하나님이 불러 주셨으면 좋겠다고 고백하면서 임종과 장례예식에 대하여 이야기하게 되었다. 아내는 신앙이 없고 자기는 몸담고 섬기는 교회가 없으나 기독교식으로 장례식을 했으면 좋겠다고 했다. 그래서 병원 내 있는 성지에서 온 교회 전도사님께 부탁해주기로 약속했다.

일주일 지난 후 다시 만났다. 같은 상황이나 구면이라 서로가 반가웠다. 딸이 방문 와 있어 더 기분이 좋아 보였다. 지난주보다 혈색도 더 좋아보였다. 그래도 통증이 없고 마음이 편하다니 다행이다. 이 과정을 잘 견딜 수 있도록 함께 기도했다. 고맙다고 조그만 목소리로 인사했다.

세 번째 주에 찾아갔을 때는 눈을 감고 새우처럼 웅크리고 누워 있다. 힘들게 잠들었을 텐데 이불을 당겨 덮어드렸다. 눈을 떴다. 힘들다고 했고 가슴이 뭉클했다. 무엇이든 도와드리고 싶은데 도울 방법을 모르겠다. 뜨거운 물수건으로 얼굴을 닦아드리려 하니 괜찮단다. 등을 쓰다듬어 주었다. 온몸이 앙상하다. 뼈 마디마디가 만져진다. 무슨 생각을 하며 시간을 보낼까? 긍휼히 여겨주시길 하나님께 기도했다.

2월 7일 병실로 가니, 이미 복도 의자에 나와서 우리를 맞는다. 아직은 걸을 수 있어서 감사하다며 반가워했다. 며칠 전부터 머리에 맴도는 생각이 있어 말을 건넸다. 함께 예배를 드릴까요? 머리를 끄덕였다. 지금까지 지내온 것 하나님의 은혜요. 만복의 근원 하나님을

함께 예배를 드릴까요? 머리를 끄덕였다.
죽음을 직면한 환자들과 함께한 시간들은
항상 이렇게 시작했다. 그들은 순순히 함께하였고
마지막 임종까지도 편안한 모습으로 생을 마감하였다.
말기암 환자를 돌보는 호스피스 자원봉사는
그 이별의 아픔을 남기므로
사람들이 쉽게 다가오지 않지만
많은 생각과 여운을 갖게한 감사한 시간이었다.

찬양드리고 "너희가 거듭난 것은 썩어질 씨로 된 것이 아니요 썩지 아니할 씨로 된 것이니 살아 있고 항상 있는 하나님의 말씀으로 되었느니라"(베드로 전서 1:23) 하며 힘들게 찬양도 따라하며 기도하면 아멘 아멘으로 동참했고 기뻐했다. 주님 감사합니다.

2월 14일 오늘은 계속 주무시고 계신다. 지난밤에 한잠도 못 주무셨다고 옆 환자 보호자께서 귀띔해준다. 오후에 다시 들르기로 하고 그냥 나왔다. 점심 식사 후 다시 들러 함께 기도했다. 고맙다며 웃음을 보였다.

그 후 매주 만났다. 병실을 자주 옮겨 다닌다. 조금이라도 더 넓은 공간이 있는 병상으로 갔다. 계속 병동에만 있어야 하니 답답할 수밖에.

3월이 되면서는 복도에 나오지 못한다. 침상에 누워만 계신다. 예배하는 것도 힘들어해서 함께 기도만 했고 팔다리를 쓰다듬어주고 옆에 있어주었다.

가족은 부인과 결혼한 딸 2명, 군에 입대한 아들 1명이다. 그동안 딸 한 사람은 호주에서 살고 아들은 군에 있어서 한 명의 딸과 부인이 교대로 방문하여 위로하고 있었다. 그런데 3월 말에는 호주에 있는 딸 사위가 왔다. 든든한 보호자들이 있어서 활기가 있어 보였다. 병실도 2인실로 옮겨 사위와 딸이 환자 옆에 있었다. 부인도 우리를 만나면 반가워하며 고맙다는 말을 했다.

4월 4일 방문하니 2인실 병동에서 군에 간 아들, 사위와 딸이 함께 있는데 환자는 숨이 차고 매우 힘들어 한다. 가슴이 답답하다며

창문을 열어 놓고 있었다. 임종이 가까워 옴을 느꼈다. 마지막 순간 하나님의 인도함을 받게 기도했다. 아멘으로 답한다. 모든 절차는 환자분이 원하는 기독교식 장례로 하겠다고 다시 말씀드렸다.

4월 10일 소천하셨다. 조용하게 가족들이 지켜보는 가운데 하늘나라로 가셨단다. 장례식장에 갔다. 사위가 다니는 교회 목사님이 오셔서 모든 절차를 진행하신다고 해서 마음이 편하다. 영정 앞에 국화 한 송이를 올려드렸다. '정○○ 씨 이제 편안하시죠? 예식은 원한 대로 잘 진행되고 있어요.'

4월 25일 봉사하는 날이다. 남편과 아버지를 떠나보낸 가족들이 궁금하여 부인께 전화드렸다. 딸이 받았다. 어떻게 지나는지 안부를 물었다. 엄마는 종전의 자리 직장에 나가시고 자녀들도 각자의 자리로 돌아가 있다고 했다. 그동안 감사해서 병원에 한번 찾아오고 싶다고 했다. 그럴 필요는 없다고 했으며 다음 달에 다시 안부전화 하겠다는 약속을 하고 전화기를 내려놓았다.

자원봉사자들 가을 나들이

가을의 정취를 가장 많이 맛볼 수 있는 10월 중순이다. 그래서 하루하루 지나감에 아쉬움이 남는다. 시내를 조금만 벗어나도 만추의 시원한 맛을 즐기기에 부족함이 없는 대한민국이 된 것을 감사한다.

호스피스 자원봉사자로 경희의료원 말기암 환자를 찾아 함께 시간을 보낸 지도 3년이 되었다. 생을 마무리해야 하는 시점이 가까이 왔다는 것을 아는 분들이라 힘든 하루하루를 보내고 있다. 그저 말없이 옆에 있어주거나 조용히 말하는 하소연도 들어주고 필요한 분에게는 약간의 신체 마사지 등도 하지만 마지막은 항상 기도다.

하나님을 모르는 자에게도 현실이 절박하기에 기도하자면 거의 동의한다. 물론 타종교 환자는 제하고. 오늘도 47세 최○○ 유방암 환자를 만나 함께 시간을 보내면서 많을 것을 생각하게 되었다. 전신에 암세포가 퍼져서 더 이상 의사가 치유법이 없다고 했단다. 실망하면서 심한 통증 때문에 마약류 통증완화제를 구강이나 피부로 많이 투여하고 있다. 그래도 약효가 빨리 사라져서 힘들다고 호소한다. 자녀들에게 그 말하는 것이 제일 힘들었다고 한다. 아직 50세도

안 되었는데. 너무나 안타깝다.

어떠한 말로도 위로할 수 없어서 함께 손잡고 이러한 사정을 하나님께 호소했다. 눈물로 응답을 받으며 힘껏 안타까움을 토한 기도 후에는 그래도 감사하다고 한다. 모든 사람은 다 하나님께로 가야 하기 때문에 누가 먼저 가는지 그 차이뿐.

의료원에는 다양한 분야 봉사자들이 아주 많다. 근처 연화사 절이 있어 신도들 중심으로 봉사하는 조직이 구성되어 개원 얼마 후부터 시작하여 지금까지 이어지고 있고, 몇 교회에서도 소수이지만 동참하고 있다. 봉사내용은 가제 접기, 한방 쑥뜸 만들기, 개신교 복음 전하기 등 다양하다.

연말에는 모두 한자리에 모인다. 의료원 총책임자가 와서 고맙다는 인사도 하고 푸짐한 점심 대접, 약간의 선물도 받는다. 지난해 알려주신 내용이다. 서울 시내 종합병원 원장모임이 있어서 각자 병원의 특성을 자랑삼아 이야기하는데 경희의료원은 앞서나가는 병원보다 드러나는 것이 별로 없다고 했다. 그러나 자원봉사자 활동은 가장 우수하다고 하셨다. 봉사자의 역할도 보고되고 있음을 알게 되었다.

이러한 봉사자들 가을 나들이를 가평 아침고요동산으로 간다고 연락이 왔다. 1년 중 한 번 하는 행사이므로 동참하기로 했다. 아침 8시 버스 2대가 떠나게 되어 2시간 달려서 가평 아침고요동산에 도착했다. 그곳 지금의 전경은 어떠할까? 가을에는 방문한 적이 없기 때문이다. 기대를 많이 하고 왔는데 역시 함께 오기를 잘했다고 느껴졌다. 가을을 뿜어내는 국화 향기와 다양한 꽃들이 활짝 가슴을 열고 우리를 반기고 있었다.

잘 가꿔놓은 정원과 꽃 특히 따리아가 눈부시게 아름다웠다. 3시간 동안 동산을 누부며 다녔다. 아름다운 꽃 나무 숲속에 속에 아주 조그만 한 교회가 있다. 잠깐 들어가 꽃동산을 거니는 기쁨을 주심을 감사 기도했다. 맑은 물이 흐르는 계곡에는 선녀탕도 있다. 그 물소리에 홀려 한참동안 머물러 있었다. 그 탕 안으로 빠져들고 싶었다.

오후 1시부터 점심시간이다. 그 근처에 있는 소문난 두부집에서 메밀전병과 가평명물 잣두부전골을 대접받았다. 역시 소문난 음식점이 그 이름값을 하나 보다. 만족한 식사 후에는 곧장 서울로 달려왔다. 오후 3시 반이다. 일찍 돌아옴을 기뻐했다. 서로들 잘 모르는 사람들이라 그 정도의 휴식시간이 가장 적절한가 보다.

봉사하는 것도 나이 제한이 있다. 70세 이후는 기회를 주지 않는단다. 행여나 봉사하는 중 다칠 수도 있기 때문이다. 그만두어야 할 시점에 시작한 봉사다. 호스피스 봉사자는 전문지식이 필요하기에. 그래서 이제 곧 봉사자의 길에서도 하차해야 한다. 그때까지 최선을 다하자고 다짐해본다.

자랑해야 하는
경희간호인

금년에도 어느 사이 11월 3째 주가 돌아왔다. 경희간호 과학대학 추수감사 예배를 드리는 날이다. 학점 때문에 억지로 그 자리에 참석하는 학생에게 조금이라도 기쁨을 주고자 좋아하는 간식을 준비해서 찾아간다. 은퇴 후 수년간 이어지는 후배들을 위한 복음 선교 행사이다. 뜻을 같이해 온 기독교수 4명과 호스피스 자원 봉사자 2인이 정성을 모아 100여 개 푸짐한 선물꾸러미를 만들었다.

올해는 특별한 분이 함께하게 되어 더 기쁜 마음이다. 본교 1회 졸업생 양○○교수다. 1970년 첫 졸업생으로 인품 성적 모든 것을 골고루 잘 갖춘 자라 조교로 뽑혔고 2년 후 미국으로 건너가 간호사로 수 년간 임상에서 일해왔다. 그동안 훌륭한 분을 만나 기독교 가정을 이루었고 남매를 잘 키워 의사와 사업가로 안정된 생활을 하며 모범을 보이는 삶을 살고 있다.

남편은 시카고 남부감리교회 장로이며 약리학 박사로 제약회사 R & D에 근무하던 중 새 회사로 옮겨야 하는 기회가 주어졌고 요구 조건인 일 년에 신약을 5개 이상 개발하기로 하고 신약개발에 동참했다. 그는 연간 평균 10개 이상의 제품을 만들어냈고 그로 인해 회사는 유명해지며 회사의 주가도 많이 오르게 되어 경제적으로 넉넉함을 얻게 되었다고 했다.

그 후 앞으로 남은 삶을 어떻게 살 것인지 고민하며 기도하고 내린 결정이 선교사의 길을 가기로 한 것이다. 어느 나라로 갈 것인가를 생각하다가 첫 번째 고려한 곳이 이북이었는데 자유롭게 방문하는 것이 어려워 망설이는 중에 모교 방문 중 저와 만나 구체적인 계획을 하게 되었고 나의 권고로 캄보디아로 가게 되었다.

그 당시 난 은퇴 직후 캄보디아 남쪽 항구도시 시하누크빌에 있는 L.U. 간호대학에서 가르치고 있는 중이라 가난한 나라 캄보디아로 올 것을 강권하게 되어 함께 봉사하는 기쁨도 잠간 맛보기도 했다.

선교활동을 계획하면 교육이 필수이므로 대학에서 강의할 수 있는 자격을 준비하는 것이 필요하다. 그런데 1960년대 우리나라 간호교육 제도는 대부분이 3년 과정이라 학사증이 없는 때에 졸업한 그는 새로운 과정에 들어가 학위를 받아야 했다. 어려운 결정인데 모든 것 내려놓고 혼자 서울에 와서 모교에서 2년간 나이 많은 학생으로 돌아가 교육을 다 받고 학사학위를 받게 된 것이다. 연령으로는 환갑이 되는 때였다.

부유한 나라 미국에서 모든 것을 가졌고 편안하게 즐기면서 살 수 있는 형편인데 이곳에 와 젊은이들 틈에 끼여서 열심히 학문을 연마하는 모습에 많은 사람에게 무언의 교훈을 준 것이다. 그렇게 준비해서 캄보디아 왕립 간호대학에서 가르치는 일로 선교를 하게 되었다.

캄보디아에 간 지 벌써 10년 이상 부부가 함께 봉사하고 있다. 남편 또한 교수로 행정가로 그 대학에서 없어서는 안 되는 중요한 위치에서 일하신다. 특히 외교에 재능이 뛰어나 여러 계층의 사람들을 잘 관리해서 대학운영에 좋은 영향력을 준다고 했다.

금년에는 안식년이지만 그 대학 사정상 몇 개월만 미국에 자녀들과 함께 있다가 캄보디아로 돌아가는 길에 또 다른 계획을 실천하고 있다. 3개월 전 양 교수로부터 전자메일 한 통이 왔다. 미국에서 캄보디아로 들어가기 전 모교 병원에서 1개월간 임상실습을 하고 싶으니 도와달라는 내용이었다. 경희의료원 내·외과 중환자실, 심혈관 내과 중환자실 등.

캄보디아로 돌아가서는 대학에서 가르치는 일도 중요하지만 병원 운영에 더 관심을 두어야 하는 형편이라 현재 경희의료원 중요 시설을 잘 관찰해서 프놈펜 병원 시설을 좀 더 현대화하는 일을 해야겠다고 한다.

간호본부장을 찾아가서 도움을 의논했고 지금 3주째 그곳을 관찰하고 있다. 적극적인 후배들의 도움에 매우 만족해하며 감사한다고 했다. 그런 이유로 머무는 중 간호대 추수감사 예배에 동참할 수 있게 된 것이다. 예배 시간에는 기도 순서를 맡아 가슴에 닿는 기도를 드렸는데 까마득한 후배들과 모교발전을 위해 정성껏 기원했고 끝난 후에는 예배참석 소감을 말해달라는 부탁도 받았다.

그는 다시 태어나도 간호사가 되고 싶다고 말하면서 특히 경희간호인이 된 것이 자랑스럽다고 했다. 여러 후배들도 현명한 선택으로 이 자리에 있음을 감사하자고 부탁했다. 70이라는 연령에도 쉬지 않고 배우며 봉사하는 삶이 젊은 후배들 가슴에 경희간호인의 모습을 보여주는 시간이 된 것임을 확신할 수 있었다.

　그런 그가 진정한 경희간호인의 자랑거리이며 리더라고 말할 수 있어 행복하다.

나이팅게일의 후예로 살다

초판 1쇄 인쇄 _ 2019년 11월 20일
초판 1쇄 발행 _ 2019년 11월 25일

지은이 _ 백승남

펴낸곳 _ 바이북스
펴낸이 _ 윤옥초
편집팀 _ 김태윤
디자인팀 _ 이민영

ISBN _ 979-11-5877-137-9 03230

등록 _ 2005. 7. 12 | 제 313-2005-000148호

서울시 영등포구 선유로49길 23 아이에스비즈타워2차 1005호
편집 02)333-0812 | **마케팅** 02)333-9918 | **팩스** 02)333-9960
이메일 postmaster@bybooks.co.kr
홈페이지 www.bybooks.co.kr

책값은 뒤표지에 있습니다.

책으로 아름다운 세상을 만듭니다. ─ 바이북스

* 바이북스 플러스는 기독교 신앙의 본질을 담아내려는 글을 선별하여 출판하는 브랜드입니다.